そんな我慢は やめていい

「いつも機嫌がいい自分」のつくり方

午堂登紀雄

日本実業出版社

人生で我慢しなければならない場面は少ない――はじめに

「石の上にも三年」という有名なことわざがあるように、いまの社会には「我慢・忍耐こそ美徳」という風潮があります。

たしかに人生には我慢や忍耐が必要なときがありますし、それが成功の原動力となることもあります。しかし、それがすべての場面や状況で当てはまるとは限りません。というのも、**我慢には「意味のある我慢」と「意味のない我慢」がある**からです。

そして本書で「やめよう」と呼びかけているのは、後者の「意味のない我慢」です。詳細は本文でもご紹介しますが、意味のない我慢とは、自分の成長や人生の発展に貢献することなく、ただ耐え忍ぶという理不尽な我慢のことです。

たとえばパワハラ上司からの「バカかおまえ！　使えねーヤツだな！」などという人格攻撃や叱責に、ただ耐えるだけの状況を想像してみましょう。

この場合、上司の言葉には、何が問題でどう改善すべきかといった具体的な指摘や合理的な理由がないので、自分の成長にもチャンスにも結びつきません。
「へいへい、また始まったよ」などとスルーできる強固なメンタルを持った人ならともかく、多くの人は精神的に参ってしまうのではないでしょうか。

あるいは、仕事で疲れて帰ってきているのに、家族の夕食をつくって後片づけをして洗濯機を回して……とやることが山積みという状況を想像してみましょう。
ただでさえ疲れているのに、家族は「腹減ったー」「晩ごはんまだー？」と急かしてくる。食べたら食べたで食器もそのまま。掃除や洗濯も全部自分でやらないといけない……。

なのにこれらは「やって当たり前」で感謝されることもないし、お金をもらえるわけでもなく、自分だけが疲弊していく……。

こうした「意味のない我慢」を続けていると、たとえば不機嫌になったり、気分が沈んだり、ときには絶望したり、ウツになったりしかねません。

自分で自分を追い詰める我慢をやめる

そこで、**自分を追い詰める我慢、自分をイライラさせる我慢をやめる**のです。

たとえば、先ほどのパワハラ上司には「人格を否定するような発言ではなく、仕事の成果につながる指摘をしていただけませんか」と直談判するか、関係部署や上司のさらに上の上司に相談してみる。それでもダメなら転職するのもありでしょう。

そんなことできない？

いえいえ、会社は一日の大部分を過ごす場所ですし、仕事を通じて成長することは人生の喜びのひとつですから、安心して仕事に取り組めて、自分の才能や本領を発揮できる場のほうが望ましいはずです。

であれば、そういう環境を整えていくか、そういう環境を求めて居場所を変えるほうが生産的ではないでしょうか。

また、共働き家庭ではどうしても家事育児に追われてしまうものですが、自宅はやはり絶対的な安全基地であり、心も身体も安らげる場所にしたいでしょう。

であれば、家事の負担を減らすために、「疲れているなら無理して料理するのをやめ、外食やテイクアウトで済ませる」「週に何回か家事代行サービスに依頼してみる」などという選択肢もあっていいはずです。


お金がもったいない？

いえいえ、お金は本来、自分を幸せにするための道具です。その出費の結果、余裕ある気持ちで家族と接することができたら？　ゆったりと過ごせ、疲れを癒すことができたら？　そうしたことにお金を使うのは合理的だと考えられます。

●「我慢するのが当たり前」ではない

「いい人と思われたい、嫌われたくない」という欲求が強い人ほど、周囲の期待に応えなきゃ、周囲に合わせなきゃ、とつい我慢してしまいがちです。

すると、「無理してでもやらなければならない」「完璧を目指してがんばることが大切」「つねに全力投球すべき」「周りに合わせて自分が我慢すればいい」という価値観に支配され、窮屈《きゅうくつ》で生きづらい人生になりやすいといえます。

また、無理してがんばる傾向がある人や完璧主義的な人は、それがときに自己犠牲的な生き方につながり、「なぜ自分だけが損するのか」などといった不遇な人生観を形成することがあります。

周囲はそこまで求めていないのに自分で勝手に無理してがんばって疲弊して、でもそれに値するほど評価も尊敬も感謝もされないため、徒労感や裏切られた感を生むからです。

もちろん、「ここは自分が我慢しておいたほうが得策」という判断もあると思います。それは、我慢することによって大きなメリットが得られるわけですから、「意味のある我慢」といえるでしょう。

しかし、転職や起業を経験し、いまや経済的自由と精神的自由を獲得した五二歳の私が振り返って感じるのは、**人生で我慢しなければならない場面はそう多くない**、ということです。

多くの人は「我慢は美徳」という価値観に染まり、我慢することに慣れてしまっているだけで、じつはしなくてもいい我慢をしているものです。

大切なのは「意味のある我慢」と、やめていい「意味のない我慢」を峻別《しゅんべつ》し、「ここぞ！」というときは我慢して「がんばる」、そうでないことは「流す」「やめる」「減らす」「逃げる」を選べる知性を獲得することです。

そこで本書では、私が考える「やめていい我慢」を、仕事、人間関係、家事・生活、育児、教育、生き方のテーマ別に紹介します。

意味のない我慢をやめれば、「すぐにイライラしてしまう自分」と決別し、「いつもご機嫌な自分」でいられるようになります。

ひいては、毎日の生活に「幸福」を感じとれるようになるでしょう。

二〇二三年八月

著者　午堂登紀雄

『そんな我慢はやめていい』もくじ

第2章

仕事の我慢をやめる

第3章 人間関係の我慢をやめる

第4章 家事・生活の我慢をやめる

第5章 育児の我慢をやめる

第6章

教育の我慢をやめる

カバーデザイン　西垂水敦・内田裕乃（krran）
カバーイラスト　山本啓太
DTP　一企画

第1章

意味のある我慢、意味のない我慢

01 意味のある我慢、意味のない我慢

将来の自分の幸福につながるか？

「はじめに」でも述べたとおり、我慢には、「意味のある我慢」と「意味のない我慢」があります。

「意味のある我慢」とは、自分の成長や達成感、喜びにつながり、将来の自分の幸福に寄与するような我慢のことです。

わかりやすい例では、部活の練習や受験勉強です。しんどくつらくても、我慢してがんばったその先に、勝利や合格といった結果によって自分の未来が開ける可能性があります。

社会人になってからも、たとえば「英会話を学ぶことで外資系企業への転職の可能性が高まる」「仕事に関連する公的資格を取得することで昇進の可能性が高まる」「プロジェクトの佳境」など、「ここが我慢のしどころ」という場面があると思います。

もし挫折しそうになっても、それらを乗り越えたら、「達成感」「充足感」「自分が認められた喜び」という感覚を得られるでしょう。

もう一方の、**「意味のない我慢」とは、喜びや成長、充足などになんら結びつくことがなく、自分の精神が削られて疲弊するだけの我慢のこと**です。

たとえば理不尽なパワハラ上司におびえて我慢して、仕事の成果は上がるでしょうか。家族の介護に振り回されて、幸福な未来が約束されるでしょうか。

そういった我慢からは一日も早く足を洗い、そこから逃れる術《すべ》を模索するほうが、自分の心の平穏のためにも望ましいはずです。

ただし、「何に意味があるか、何が無意味なのか」は人によって異なります。

その人の掲げる目標や最終的な目的が人によって違うからです。

たとえばスポーツでも、「楽しむこと」を目的にするのと、「試合に勝つこと」を目的にするのとでは、練習の価値が異なります。

試合に勝つための練習は、当然ながら「しんどい（負荷が大きい）」ほうが価値があるわけで、我慢してでもがんばる意味がある、というのは前述のとおりです。

一方、社会人になってからの趣味のスポーツなどでは、多くの人にとっては、「楽しい」「気分転換になる」「ストレス発散になる」「運動不足解消になる」ことに価値があり、目をひんむいた自分を追い込むキツイ練習はそぐわないわけです。

●「知的にしんどい」には価値がある

私自身は、二〇代から三〇代前半のころの仕事は「知的にしんどい」ほうが価値があると思っています。「知的にしんどい」とは、複雑で難しくて先行き不透明で、さらに面倒くさくて時間がかかり、容易には完成しないことを表わします。

たとえば企画書や提案書などは、一〇〇%の正解や完成がない世界であり、斬新な企画を考える創造力、それらをデータなどで裏づける分析力、他者を納得させ巻き込むような表現力を磨く必要があります。

プロジェクトマネジメントでは、メンバーの特性を見ながらタスクを割り振り、スケジュール管理や品質管理をして、期限までに一定以上の成果を出すことが求められます。

面倒くさい顧客とのやりとりも、コミュニケーション力が求められます。

そして前例のない仕事は結果がどうなるかわからず、それでも都度、適切に判断し行動しなければなりません。

それらを乗り越えれば思考力や判断力がつき、総合的な知的レベルが向上すれば、苦労せずとも適切な意思決定ができるようになります。

すると昇進や昇給によって、より高いレベルの仕事ができるようになり、さらに仕事の実力がつき、キャリアの可能性も広がり、四〇代以降の生活が格段にラクになります。

私が二〇代から三〇代にかけて、がむしゃらに働いてきたのも、量は質に転換することがわかっていたからです。全力疾走したときのトップスピードが上がれば、流して走ってもやはり速くなるようなものです。

逆に思考力や判断力を研鑽するのをサボれば知力は向上せず、意思決定も判断も稚拙なままです。ちんたら走っていればトップスピードも上がらず、それでは流して走ってもやはり遅い。これでは老後も苦労が絶えないでしょう。

ただし、これは私の価値観であり究極的な目標でもある「自由を得る」ための考えであって、当然そうでない人もいると思います。

このように、**「どの我慢に意味があるか、ないか」は、人によって異なり、目的によっても異なるわけで、それを「長期的な視点」で「自分にとって有利になるのはどちらか」を峻別する力が必要**なのです。

しかし、これが案外難しい。

その場さえしのげればいい、いまさえよければいい、いちいち立ち止まって考えるのは面倒だ、などと知的なプロセスをないがしろにしてしまう人には、適切な峻別ができないからです。

「意味のある我慢」と「意味のない我慢」を見極めるには、高い視座と広い視野、深い洞察力、長い時間軸での想像力、それらを瞬時に脳内で展開させ駆け巡らせる思考の反射速度が必要だといえます。

02 ゴールとメリット・デメリットを考える

なぜ、スポーツや受験は我慢できるのか？

我慢する意味があるかないかを判断する視点として、「ゴールの有無」と「メリットとデメリットのどちらが大きいか」という点から考える方法があります。

たとえば、前述のスポーツや受験は「勝利」や「合格」という明確なゴールがあり、達成したときの「喜び」というメリットは、「苦しい」というデメリットよりも大きいと思います（喜びを見いだせる人が努力をする、というところでしょうか）。

一方、人間関係の問題では、ムカつく相手と自分が我慢してでもつきあって達成したいゴールは何かを考えてみる。そしてその結果得られるメリットと、我慢というデメリットの大きさを比較してみるのです。

たとえば、「イヤな取引先だけれど、自分が我慢して機嫌をとっていれば大きな利益が見込める」という場合、「取引の維持・拡大」というメリットがあるから我慢するわけでしょう。

「長時間労働で激務の仕事だけれど、報酬も大きいため我慢できる」ということもあります。かつて私がいたコンサル業界は長時間労働とハイプレッシャーという激務ですが、「自分の成長」「未来の選択肢の増加」「高額な報酬」といったメリットがあるから我慢できました。

時間が解決してくれる「期限つきの我慢」

時間が解決してくれる「期限つきの我慢」もあるでしょう。

「今度の上司はやりにくいなあ」と思っても、数年我慢していれば異動になる可能性がある。だからいたずらに反発するより、表面上は良好な関係を維持しておいたほうがいいという判断もあると思います。

あるいは、子どものママ友グループに偉そうなボスママがいたとしても、子どもが卒園とか卒業をすれば接点はなくなる。だから、いまは波風を立てずに合わせておいたほうが得策だ、という判断もあると思います。
ただし、私自身は波風を立ててもすぐに解決したい性分で、たとえば子どもの保育園で、登園ルールや持ち物にうるさい園長だったとき、これは数年も我慢できないと転園させたぐらいです。

お金の面でも同様に、「ここは自分が我慢したほうが経済的にメリットが大きい」「ここは我慢しないでお金で時間や労力、快適性を買ったほうがメリットが大きい」などと判断することもできます。

たとえば私は快適性において我慢はしない主義で、電気代やガス代を気にせずに、夏はエアコン、冬は床暖房をガンガンつけています。

快適性を損なえば集中力も発揮できないし、夏は熱中症、冬は風邪やインフルエンザのリスクがあり、「光熱費のアップ」というデメリットよりそれらを防ぐメリットのほうが大きいと考えるからです。

一方で、所有する土地の草刈りは、自分で刈ったり除草剤をまいたりしています。業者に任せると一回の作業で五万円とかかかり、ならば自分の時間を投入して費用を削減するほうがトクだと考えるからです。

03 ご機嫌でいるための「最優先事項」は何か？

●「イライラ」手料理より「ニコニコ」ジャンクフード

会社では成果を出すことが最優先です。家庭では楽しく安らげることが理想だと思います。では、そのためにどうするか？

仕事では「成果に直結すること」以外のタスクは、できるだけ避けるか手を抜くという発想を取り入れる。

プライベートや家庭では、楽しい時間を確保してつねにご機嫌でいられるようにするため、同様にそれを阻害するタスクはやめるか手を抜くことになります。

家庭でわかりやすいのは、多くの人が面倒に感じるであろう家事です。

たとえば料理は手づくりであるべきだなんて、そんな決まりはどこにもない。だから総菜や、テイクアウト、宅配でもＯＫです。子どもが小中学生なら学校給食という栄養バランスが考えられた食事をしているので、一食ぐらいジャンキーでもなんら問題ないでしょう。

疲れてイライラしているお母さんやつくった料理を食べるより、ニコニコしているお母さんと一緒に食べるジャンクフードのほうがおいしいはずです。

「洗い物が片づかないから、早く食べてしまいなさい！」という言葉の代わりに、洗い物は明日にして会話を楽しんだほうがいい。

食事は楽しい時間であるはずなのに、家事の都合を優先させるのは本末転倒ですから、食器は水につけておくだけで、洗うのは翌日に回すことだってできる。ニオイが気になるなら、シュッと漂白剤を振りかけておけばなんとかなる。

小さな子どもが足元にまとわりついてきて家事が進まないなら、その家事はいったんやめて、子どもに向き合って一緒に遊んだほうがいい。「家事よりも自分と遊んでほしいし構ってほしい」という子どものアピールだからです。

親が家事に忙しくてバタバタしているより、子どもは自分の話を聞いてほしいでしょう。眉間にシワを寄せて「早くしなさい！」と怒鳴る親より、穏やかに接してくれるほうを望むでしょう。夫婦げんかが絶えない両親よりも、仲よく笑っている両親のほうが安心するでしょう。

「家族を差し置いてもこれをやらなければならない」というタスクなんてほとんどなく、自分と家族のハッピーより優先されるものはないのですから。

実際、是が非でもやらなければならない、重要なことはそんなにないと思います。

たとえば宝くじで三億円が当たっていて、今日が交換の最終日だったとします。では、夕飯の買い物をしなきゃ、友達との約束がある、冬物をクリーニングに出さないといけないからといって、そちらを優先する人はどれだけいるでしょうか。

ほとんどの人はすべてを投げ出してでも交換に行くはずです。仕事も家事も誰かとの約束もすべてほうり出して交換に行くでしょう。

結局、私たちがやらなければならないことは、その程度のものなのです。

●「自分がご機嫌になれる」生き方にフォーカスする

私たちは我慢しすぎている。世間体や常識という圧力に屈しすぎている。固定観念に縛られすぎている。もっと自由に発想し、「自分がご機嫌になれる」生き方にフォーカスしたほうが楽しいと思いませんか。

最も優先されることは、自分自身がご機嫌でいられること、家族が笑顔でいられることです。それ以上に重要なことはない。

これが私の考えです。もちろん、家事も仕事も人間関係も、どうでもいいとまではいいませんが、優先順位はぐっと下がります。

自分がご機嫌でいられないなら、そんな人間関係はいらない。
家族が笑顔でいられないなら、家事なんてしなくていい。
我慢することをやめて、もっと手を抜いたほうがいい。

しかし現実問題として、**自分を縛っているのはほかでもない自分自身**です。「これをしないといけない」「ちゃんとしないといけない」「こうすべきだ」「こうすべきでない」という思い込みが自分を窮屈にしているのです。

たとえば以前、子どもたちの小学校の行事に行くと、ママ率はなんと九割超。クラスの懇談会では男性は私ひとりでした。

子どもの世話はママがやるべき？

よき妻（夫）とはこうあるべき？

そんなことを誰が決めたのでしょうか？　世間の常識を勝手に自分のなかに取り込んで、自分であがいているだけではないでしょうか？

そこで、発想を変えて「手抜き」をしてみましょう。

04 手抜きとは本質の追求であり工夫である

手抜きはネガティブなものではない

「どうすれば手を抜けるか」を意識すると、我慢をやめることができます。我慢をしている状態は肉体的にも精神的にも負荷がかかっている状態ですが、手を抜けばそれら負荷が減少し、ストレスを解放することにつながるからです。

たとえば人間関係でも、相手から好かれようとすれば自分の主義主張を控えて相手に合わせようとしますから、ときに我慢を強いられます。しかし「手を抜けばいい」と思えば、自然体で接することができるでしょう。

家事も一生懸命やれば疲れますが、「手抜き」をすればササっと終えることができる。

料理も手を抜いて総菜を買ってきてお皿に移せば、調理の手間から解放されます。

そんな手抜きという言葉には、どこかネガティブな響きがあると思います。「手を抜くな」「何事にも一生懸命取り組め」などという価値観が支配していることもあるでしょうし、「それは手抜きだ」「手を抜いている」と指摘されれば後ろめたい気分になるでしょう。手抜きをすることには罪悪感もあるでしょう。

しかし私は、**手抜きをする発想と技術、そして手抜きをする勇気は、複雑化する世界を生きるうえで、ますます重要になってくる**と考えています。

手抜きとは、より本質的かつ重要なタスクに時間とエネルギーを割くために、そうではないタスクを短時間で省力化してこなすことだからです。

目的を明確にすれば最短コースが見つかる

すべてに均等に時間と労力を費やすのは無駄が多いし疲れます。

たとえば満員電車のなかで押されまいと突っ張っていたために、会社に着く前に疲れてしまうようなものです。通勤そのものは別に重要ではなく、重要なのは仕事で成果を出すことのはず。ならば電車のなかではあえて力まず人の流れに身を任せ、体力を温存しておくほうが望ましいでしょう。

仕事でも家庭でも生き方でも、**全方位の努力は資源の無駄遣いであり、自分にとって最も重要な「押さえどころ」にリソースを集中投下することが重要**です。

そのためには、目的や成果から逆算し、最も効率的なプロセスを考え選択する必要があります。そもそもゴールが明確でなければ、最短コースは見つけられないでしょう。

そういう意味でも「手抜き」とは、物事の本質を見極められる知性を持つことであり、きわめて合理的かつクリエイティブな行為であることがわかります。

逆にいえば、手抜きができない人は知的能力を高める必要があります。考えるのが面倒だから最速・最短の方法が見つけられない。「手抜きはいけない」という固定観念にとらわれているから、そのほかの方法を模索できない、というわけです。

つまり「**手抜きとは知性であり、発想の柔軟性である**」というのが私の考えです。

05 他人はそれほど自分のことを見てはいない

「我慢をやめる」うえで大切なことは、「他人はそれほど自分には興味がない」「他人はそれほど自分のことを見てはいない」と認識しておくことです。

閉塞感や窮屈感、生きづらさといったマイナスの感情は、周囲の目を過剰に気にして、周囲に過剰に気をつかっているから生まれるものです。

しかし、たとえば同僚が昨日どんな柄のネクタイをしていたかとか、覚えているでしょうか。女性なら同じ服を二日続けて着て行くと「昨日と同じね」と言われるかもしれませんが、それだけです。みな自分のことに必死で、いちいち他人のことを気にしている余裕なんてありませんから。

周囲の目を過剰に気にして自分の振る舞いを制限したところで、自分の価値が変わるわけでもなく、人生の幸不幸が決まるわけでもありません。

「こう思われたらどうしよう」というのも自分が勝手につくり出した妄想であり、妄想を根拠に自分の言動を決めるなんてバカバカしいはずです。

そもそも「こう思われたくないから」「こう思われないように」という発想は、結局は他人の価値観に迎合することであり、他人の価値観のなかで踊らされているわけですから、生きづらさを感じるのは当然といえば当然かもしれません。

しかしそれは裏を返せば、誰も頼んでいないのに自分で自分を追い詰めているという、滑稽な姿に思えてこないでしょうか。

みな自意識過剰なのです。それが自分を窮屈に、苦しくしている。

だからまずは自覚することです。自分という存在は、そこまで注目を集める人間ではないということを。赤の他人にとってそれほど重要な人間ではないということを。

第2章

仕事の我慢をやめる

06

「我慢の価値」は年齢・立場で変わる

「我慢の正体」を見極める

「仕事が苦痛」「会社に行きたくない」

「お金があれば会社なんて辞めたい」

「結婚したら仕事を辞めて専業主婦になりたい」

こんなふうに思っている人は、**「自分が我慢をしていると感じているものの正体は何か？」**について、自問してみてはいかがでしょうか。

自分が苦痛に感じていることの正体は、たとえば、「仕事内容」「人間関係」「上司や社長の人格・コミュニケーションスタイル」「給料や有休などの待遇」「残業や仕事量などの労働環境」「会社の組織風土」などのどれか、あるいはそれらの複合かを掘り下げて明確にしてみるのです。

すると、**自分がどう関わっていけば解決できるか、あるいはできないかがわかるとともに、我慢する価値があるかないかもわかってきます。**

ここでは例として、「仕事がつまらない」「やりがいがない」「こんな仕事をするためにこの会社に入ったのではない」「この仕事を続けていてもキャリアの展望が見えない」などといった、「仕事内容」の我慢について掘り下げてみます。

まず、自分がどういう立場にいるかによっても、捉え方が変わってきます。

新人であれば、まだ仕事を教えてもらっている段階なので、当面はやむを得ない側面があると思います。そもそも会社の利益に貢献していないのに給料をもらっているぐらいですからね。

一方、中堅になっても重要な仕事や創造的な仕事が与えられないのであれば、まず自分の実績や能力を客観的に把握する必要があります。

そしてどう考えてもほかの同僚や先輩以上の結果を出しており、業績面でも人間性の面でも組織に貢献していると思えるなら、自分で考えた仕事を提案するとか、異動や配置転換を申し出てみる方法もあるでしょう。組織にとって重要な人材だと評価されているなら、一部分でも受け入れてもらえるはずです。

しかし、重要な仕事を与えられていない、あるいは自分の提案が通らないとしたら、上司からそれほど信頼されていない可能性があります。そこでまずは信用を積み重ねることです。

●「新しい仕事」の割合を増やしていく

仕事は基本的に「ルーチンワーク＋新しい仕事」で構成されています。**仕事の内容に不満がある人は後者の「新しい仕事」の割合を増やしていく必要があります。**

そして上司から「この仕事はコイツには物足りないだろう」と感じるような結果を出し続けることです。

そのためには、**まずルーチンワークをほぼ完璧に、そしてすばやく片づけられるようにし、必要なら自分でマニュアルをつくり、誰がやっても一定以上のクオリティが出せる仕組みをつくる。**するとヒマになります。ヒマそうなあなたを見れば、上司は自分の仕事の一部を与えるかもしれません。そこで仕事のレベルが一段上がる可能性があります。

もちろん上司の手伝いですから単なる作業かもしれませんが、上司が何を見て誰に向かってどんな姿勢で仕事をしているかがわかれば、自分の視座が上がり、視野も広くなるでしょう。仮に同僚の仕事の手伝いや雑務になったとしても、それすら同僚以上のクオリティでこなし、なおかつサクッと終わらせる。

ここまでが地ならしともいえる下準備です。


そのうえで、**「こういうことをしてみたら効果があると思うのですが、いかがでしょうか」「ここをこう変えると生産性が上がると思うのですが、やってみてもよろしいでしょうか」と提案する。**提案は言葉だけではなくA4サイズの紙一枚にまとめるなどすると話が早いでしょう。

「ふだんの仕事をソツなくこなし余力もあるようだし、予算や人員を使わないなら、まあさせてもいいか」と、まともな上司なら思うものです。

ルーチンワークすら満足にできていない段階であれば、「そんなことを考えるヒマがあったら、目の前の仕事に集中しろ！」などと一蹴されるのがオチですが、前述の実績を積み重ねておけば、自分がやりたい仕事をさせてもらえるようになるでしょう。

私も就職した一社目ではミスばかりしてそんなことを言い出せる状況ではありませんでした。

しかし二社目の流通企業ではがむしゃらに働き、三年目に優秀社員賞を受賞して本部に異動になってからは、毎週のように上司に企画を提案しては採用されました。

自分から提案した仕事は楽しいし必死でやるものです。ですから、仕事や会社への不満など感じるヒマもなく、毎日残業で日曜日も出勤していましたが、苦痛とも思わず、給与明細は開封すらせずに捨てていたぐらいでした。

いずれにしても**仕事の内容に不満がある人は、「ルーチンワーク」の進め方を改善し、「新しい仕事」に取り組む時間を増やし、自分のやりたい仕事ができるように変えていくこと**です。

ほかの理由で「会社がイヤだ」と感じている人は、ここで述べたように自分が我慢を強いられていると思える正体を突き止めて、その不満は自分の関わり方を変えればなくなるのか、あるいは自分ではどうにもならないことなのか、感情ではなく理屈で掘り下げてみることです。

07 「仕事とは何か？」を整理しておく

社内で信用を積み上げるために意識したいこと

社会人経験が少ない段階だと、前述のような社内の信用を積み上げることの重要性はなかなか理解できないかもしれません。そこでとくに若手が陥りやすい勘違いとして、私が考える「仕事とは何か」を六つご紹介します。

①仕事は他人のためにするもの

私たちはお金を払ってくれる人がいるから働きます。お金をもらえないのに朝九時から夕方五時まで会社に拘束される生活を何年も続けられる人などいないでしょう。

他人からの依頼をこなしたり、他人の問題を解決するから対価としてのお金をいただける。つまり、他人のために仕事をするからお金をいただけるのです。

趣味のように自分のためにやるものは、自分がお金を払わなければならないですが、「収入」とは自分以外のところからお金が入ってくることを指します。

ということは、自分以外の誰かが満足しなければお金はもらえない。だから自分のためではなく、他人のためにするのが仕事なのです。それによる成長実感や顧客からの感謝が自分のためになります。

②仕事は自己評価するものではない

これは「①仕事は他人のためにするもの」とワンセットみたいなものです。仕事の出来不出来やクオリティなどといった評価をするのは、自分ではなく顧客や依頼主といった他人です。

だから若手がよく言う「私だってがんばっています」「私の努力も評価してほしい」というのは大きな勘違いで、成果を出せずして評価などできないでしょう。

それに成果につながらないとすれば、その努力すら足りないか、方向性が間違っていたわけで、それを認めることはそもそもおかしいことです。

たとえばサッカー選手が「(野球の) バットの素振りを毎日一〇〇〇回やっているのにスタメンに入れてくれない」などと不満を言うのは間違っている、といえばわかりやすいでしょうか。

本書のような自己啓発書にしても、自分で「これはいい作品が書けた」と私が勝手に思ったとしても、売れなければそれまで。評価はゼロということで、当然ながらお金もいただけません。

③仕事は客を選ぶ権利がある

ただし、売り手はその商品の特性などから、客を選ぶことができます。自分が提供する商品サービスに不向きな人にまで売る必要はありません。

たとえば高級レストランにドレスコードがあるのは、その雰囲気やブランドイメージを保つためです。だからTシャツに短パン、サンダル姿で来る客の入店を、店側は断ることができるのです。

わかりやすいのが営業職で、たとえば偏屈な顧客に強引に売ってノルマが達成できたとしても、あとでクレームになってその対応に追われたりすれば、時間を浪費し精神も削られるなど、むしろマイナスでしょう。
だから売りたくない人には売らなくていい。結婚などと同様、ミスマッチはお互い不幸になるだけですから。

④仕事は向き不向きがある

自分の資質・性格などによって、向く仕事と向かない仕事があります。そこで、満足できるキャリア形成や職業選択をするには、自分はいったいどんな性格的傾向や資質があり、それに合った仕事や環境はどういうところなのかを詳細に分析する必要があります。

たとえば私は組織を率いる管理職は向かないことがわかっています。他人に興味がなく、他人をケアしようという姿勢も持てないからです。それがわかっているので、そういう仕事や役割は引き受けないようにしています（詳細は拙書『私が「ダメ上司」だった33の理由』《日本実業出版社》）。

⑤仕事はいつでもやり直すことができる

仕事はいつでもやり直すことができますから、ダメだったら次へ行けばいい。もちろん、たとえば五〇歳をすぎてからプロ野球選手を目指してもなれないでしょうし、将棋の世界も年齢制限があります。

しかし世の中には、いつからでもやり直すことができる仕事がたくさんあります。たとえば二〇一八年の司法試験合格者最高齢は六八歳でした。法律事務所に就職できるかはわかりませんが。

もちろん転職にしろ起業にしろ、相手から認められなければその仕事に就けない、成り立たないという側面はあるわけですが、求人は毎日数万件も出ています。だから向かないと思ったらスパッと次へ行くことです。短い人生、悩む時間のほうがもったいない。

私も転職を二回、会社の仕事もインターネット広告やら不動産仲介やらエステサロン経営など紆余曲折を経ながら、いまはこうして執筆業に落ち着いています。

⑥仕事のやりがいとは納得感

仕事のやりがいとは、ワクワク感や充足感などがありますが、私がいまの年齢になって感じるのは、「納得感」ではないかと感じています。

「②仕事は自己評価するものではない」と矛盾するように感じるかもしれませんが、

意味はまったく違います。

自己評価は「自分のことをもっと持ち上げてよ」「自分はもっと認められるべきだ」などと他人に押しつけるような感情ですが、納得感とは自分だけでかみしめるものです。だから仮に他人に評価されなくても、認められなくても、やりがいは感じられるのです。

たとえば陶芸家が気に入らない皿や湯呑を地面に叩きつけて割るシーンを思い浮かべてみればわかるとおり、彼らは自分が納得できる作品だけを発表しているから、あのような孤独な作業でもやりがいを感じられるのです。

私も、本が売れなければ評価はゼロでお金も入ってこないと書きましたが、自分が納得できる作品に仕上げて出版社に提出しているので、売れなくても満足感はあり、やりがいが感じられます。だからもう、一五年もこの仕事を続けられています。

ここで紹介したものは私個人の仕事観なので万人に当てはまるわけではありませんが、「仕事とはこういうものだ」という自分なりの定義を整理しておけば、仕事や会社選びでも軸が決まりやすいと思います。

08 二〇代の我慢は「信用」を積み重ねる修行

仕事の実力は「負荷」で磨かれる

「本当は仕事を辞めたいけれど、それでは収入が途絶えてしまう……。だから我慢しながら働いている」という人がいます。

ストレートにいえば、そういう人はおそらく「やらされ仕事しかしていない」「指示されたことだけをやっている」からではないでしょうか。

もちろん仕事である以上、多少はそういう側面もありますが、他人から「やれ」と強制された仕事ほどおもしろくないものはなく、自分で選んだ仕事でもないですから興味も関心も持ちにくい。

しかし前述のとおり、周囲から認められ仕事を任されるようになったとか、自ら提案した仕事ができるようになれば、仕事は一気に楽しくなります。

ただし、そうなるにはある程度の時間がかかりますから、結果を急がないことです。スポーツでも強くなるには地道な基礎練習が必要なのと同じく、何も成果を出していない段階で信用されることはないからです。

若手時代に感じる我慢は、「信用を積み重ねる修業」と捉えることです。これは本書の冒頭でも述べた「意味のある我慢」にあたります。

また、「新卒で就職して一日で辞めた」「三年で三割が辞める」などの話題が取り上げられることがあります。気楽な学生生活だったのが、突然八時間も会社に拘束されて働くなどと環境が大きく変わりますから、その急激な変化によるストレスも大きいのかもしれません。

しかし、単に「長時間労働で激務」「締め切りやノルマがきつい」「給料が安い」「会社のやり方や体制が理不尽」「職場の人間関係が悪い」などといった不満で我慢しているとしたら、ここでもいったん立ち止まってみる必要があります。

たしかに会社側に問題があるケースもあるとは思いますが、「本人の関わり方」が適切ではないケースもあるからです（もちろん「法令違反の強制」は完全にブラックですから、会社に改善の要望を入れるか転職するかという判断になるでしょう）。

たとえば先ほどのスポーツと同じく、仕事の実力をつけるには負荷が必要で、そのひとつが長時間労働の激務でもあります。

最初から定時で帰れる仕事量しかやっていなければ負荷がかかりませんから、「どうすれば効率化できるか」という問題意識もインセンティブも生まれないでしょう。

しかし、「これはとても定時でこなせる仕事じゃないぞ」という大量の仕事なら、そもそもやり方を大きく変えなければならないという意識になる。そして量をこなすうちに勘所がわかり、「こういうやり方をすれば早く終わる」などとコツが体得できるようになる。すると今度は自分が先輩になったときに、それを後輩に伝授することができるでしょう。

給料への不満は「利益貢献」ができてから

「給料が安い」というのも繰り返しになりますが、新人のうちは仕方がない話です。

会社は先輩や上司の人件費をかけて新人の教育をしているわけで、会社に利益をもたらしてない期間はパート・アルバイトでいうところの「試用期間」という段階です。だから、給料が安いのはやむを得ない部分があります。

一方、コンサルや投資銀行、企業法務を扱う弁護士事務所などは、初任給から破格の待遇です。それは即戦力を期待されているわけで、激務で仕事の難易度も高いのに高度なクオリティを要求されるなど、激しいプレッシャーにさらされます。

私も外資コンサルに転職した当時は、「いつクビになるか」という不安で一杯でした。しかし、一般企業ではそこまでのストレスがかかることは多くないでしょう。

「給料が安い」「給料に見合った仕事量じゃない」という不満は、自分が会社に利益貢献ができており、後輩の教育など組織にも貢献ができているという実感を持ててからです（法令違反の場合は別）。

実際、SNSなどで検索してみると、「辞めたい」と言っているのはほとんど若者で、三〇代とか四〇代になって責任ある立場になるとそういう声は鳴りを潜め、「イヤだから辞めたい」ではなく「キャリアアップのために転職したい」という前向きな考えに変わるようです。

また「**会社になんとかしてもらえるはずだ**」「**会社がやるべきことだ**」**という受け身の発想も捨てたほうがいい**と思います。

たとえば会社が教育研修をきちんとしてくれない、会社が従業員のキャリアアップを考慮してくれない、などという依存的な姿勢でいると、自らスキルを高めよう、仕事の実力をつけようという発想が薄くなります。

そして会社員として得られるはずのメリットが見えなくなり、会社の悪い面ばかりが見えるようになってしまう。

だから「**機会は自ら切り開く**」**という発想で、会社に依存しすぎない能動的な関わり方をしてみる**と、じつは自分が我慢していたのは幻想で、自らつかもうとしなかったからやらされ仕事ばかりが降ってきていたんだ、と気づくかもしれません。

09

会社の人とは仲よしでなくてもいい

同僚から誘われなくても気にしない

「会社は仲よしこよしの場ではなく、組織として利益を出す場であるから、仕事で成果を出せばそれでよい」

もし会社の人間関係に疲れたら、このように割り切ってみましょう。

もちろん、わざわざ周囲から嫌われるような言動は必要ありませんが、**誰かに気をつかって仕事の成果に関係ないことで神経をすり減らすのは無駄**です。

会話の輪に入れなくても、ランチに誘われなくても、別に気にする必要はない。仕事で認められればそこに自分の居場所ができますから、会社の人とは必要な会話にとどめ、それ以外のことは聞かれたら答える程度でいいのです。

会社の同僚が楽しそうに談笑していても、それはたいてい仕事には直接関係ない話題であることが多いものです。たとえば人事情報とか社内のゴシップとか、そこに加わったとしても、とくにプラスの影響があるわけではないでしょう。だからそういうのは横目にして、**粛々と自分の仕事に集中すればいい**のです。

仮に嫌味なお局的な先輩がいたとしても、仕事に集中していれば「はいはい」と流せるものです。もし仕事の内容についてイライラさせられるような言動なら、「それは仕事の結果に重要ですか？　上司に聞いてみますね」とか「そうでしょうか？　では私の上司に確認してみますね」などと上司を巻き込むぞという圧力をかけるとか。

お局の機嫌を取ろうと気をつかうより、「コイツはいちいち反論してくるから面倒だ」と思われたほうが精神衛生上いいのではないでしょうか。

また、同僚からランチに誘われないのも気にする必要はありません。それは、自分が食べたいものを自分のペースで食べられる、昼休みという貴重な時間を自由に使えるというメリットがあるからです。

集団でランチに出かければ、集団の好みに合わせる必要があります。自分は焼魚定食を食べたくても、みんなが「パスタにしよう」と言えば、それに従わないといけない。自分は食事を終えて会社に戻りたくても、みんなが食べ終わるまで待たないといけない。でもひとりならそういう制約はない。

外に食べに行くにしても自分のデスクで弁当を食べるにしても、たとえばスマホでニュースを見たり、読みたい本を読んだりしながらなど、好きなようにできます。

飲み会に参加して「得られるもの」と「失うもの」

あるいは社内の飲み会。これに誘われないのはたしかに寂しい感情になりますが、自分の時間とお金が節約できるとポジティブに捉えることです。

職場の人間関係は基本的にその会社に所属しているからというだけのものであり、会社を離れればつきあいも途絶えるのが一般的です。

もちろん社員同士の結びつきが強く、定年退職後も同窓会のような飲み会が続く会社もありますし、生涯の友人ができたり結婚相手が見つかったりするのも事実ですが、なじめないなら無理になじもうとしなくていい。

あるいは行きたくない飲み会なのに「つきあいが悪いヤツ」とか思われそうで仕方なく行くとか、みんな参加するからといった同調圧力にさらされることもあると思います。

しかしこれも、「参加して得られるものと失うもののどちらが大きいか」で判断してはいかがでしょうか。「あとあと気がかりになって気分が沈む」と思えば参加すればいいし、「就業後は自分の時間だから自由に過ごしたい」と思えば気にせず「ゴメンね、先約があって」と断ればいい。

断っても「あ、そう」と相手はほとんど気にせず参加者同士で楽しむので、参加していない人のことはどうでもよくなるものです。

そんなふうに**「会社の人間関係は自分にはいらない」と割り切る**のもひとつの方法です。

ただし、パワハラ上司であれば精神を病んでしまうリスクがありますから、その場合はさらにその上の上司や社内の相談窓口（人事部や産業カウンセラーなど）に相談してみることです。それでも改善が見られないなら、即刻転職したほうがいいと思います。自分の心身のほうが何より大事ですから。

●上司から食事に誘われたら行く？　行かない？

上司との飲み会は上司に気をつかって疲れるし、就業後まで拘束されるのは自分の時間がもったいないと感じる人も少なくないと思います。

そこで逆に、上司や先輩との酒食における「トク」の可能性について考察してみると、次のようなことが考えられます。

・食事代・酒代が浮く（ワリカンではなく奢りの場合）
・本音が聞け、今後の方向性や理不尽だと感じていた指示などへの理解が深まる
・ふだんはなかなかできないプライベートの話や思想・信条の話ができる
・社内では言いにくい会社の問題や業務上の課題が共有できる
・お互いをよく知ることができ信頼関係や結束が強くなる
・社内の人間関係やパワーバランスが把握できる

・ほかの部門やあまり話したことがない同僚も同席するなら、社内人脈が広がる
・上司の過去の経験やノウハウを教えてもらえる
・会社の歴史など裏側を知ることができ、社風や体制などへの理解が深まる
・悩みや不安などの相談に乗ってもらえる

ということでしょうか。こう考えれば職場の飲み会は我慢の時間ではなく、情報収集の時間に変わります。

ただし、ここには前提条件があります。「誘ってくれた上司が、これらメリットを得られるに足る人物である場合」という点です。

たとえば上司が持つ業務上のノウハウが得られるといっても、それは有能な上司であれば、という条件がつくでしょう。相談できるといっても、やはり尊敬できる上司であれば、という条件がつくでしょう。

若手のうちは参加して仕事のしやすさにつなげる

もし、私が「まだ未熟で半人前」という立場であれば、上司から酒食に誘われたら

極力参加する方針です。

なぜなら、**上司のことをよく知ることは、自分の仕事のしやすさにつながる**からです。上司自身も完璧ではないですから、上司の性格や傾向を知ることで、「この人にはこういう接し方がいい」「この人にはマメな報告がいい」「この人には事前に着地点を共有したほうがいい」などといった接し方、関わり方がわかってきます。

とくに、ふだんは叱ったり褒めたりすることが少ない寡黙な上司であれば、業務の進め方に対する自分の長所短所、改善点をフィードバックしてもらえる絶好の機会です。また、上司もさらにその上司からのプレッシャーを受けていますから、その影響も把握できるでしょう。

本来なら業務評価における面談などで話せばいいことですが、面と向かっては話しにくいこと、お酒が入っているからこそぶっちゃけて話せることもあるものです。

それに上司はたいてい説教好きですから、謙虚に「はい」「わかりました」「ありがとうございます」と素直に聞いていれば、いろいろ教えてくれます。

また、もしかしたらその上司が持つ社内人脈がふとしたところで役に立つとか、その上司が昇進したり新しいプロジェクトに任命されたりしたときに、引っ張ってくれる可能性もあります。ならば週一回、もしくは月に一～二回ぐらい参加するのであれば、長い目で見ればメリットもあるというものでしょう。

ただし、過去の自慢話に終始する武勇伝上司、同じ話を延々と繰り返す壊れたレコード上司など、明らかに時間の無駄と思える上司の場合は、この限りではありません。さすがに私も断りそうです。それに、そういう上司はいずれ淘汰されるでしょうし。

他方、私が**中堅で仕事にもそこそこ自信が持てるようになったら、飲み会への参加は減らし、できる限り他部署の人間も誘って参加する**と思います。

飲み会の話題は、たいてい上司や会社への不満とか、社内ゴシップなどどうでもいいことが多いので、ストレス発散以外はあまり意味がないからです。

それに他部署の人間とお酒を飲めば、自分の社内人脈が広がります。仕事の多くはほかの部門が関わってくるので、他部門に知り合いが増えればうまく協力してもらえるなど、仕事をスムーズに進められる可能性があるからです。

さらに自分が上司の立場であれば、部署内の飲み会は最初だけ顔を出して早々に退席します。部下としては上司がいないほうがリラックスできると思うからです。

10 残業したくないのに残業を強いられる

「帰りにくい」は自分がそう思っているだけ

自分の仕事は終わっていて、もう帰りたいのに上司や同僚がいる手前、帰るに帰れないという状況。これは耐えるに値する我慢でしょうか。

私の見解は「帰っていい」です。我慢するに値しないと思います。

なぜなら「帰りにくい」というのはほかならぬ自分が勝手に抱いているにすぎない感情だからです。**自分で空気を読んでいるだけで、じつは周囲は気にしてない**かもしれません。

「上司からの心証が悪くなる」と恐れているかもしれません。しかし仮にそれで心証が悪くなったとしても、それは業務上の評価にはならないでしょう。相手への好き嫌いは仕事とは関係なく、仕事で成果を出し、チームに貢献しているならそれでいいはず。

もちろん上司も感情のある人間ですから、もしかしたら評価に影響を与える恐れはあります。仮にそうなった場合も自己主張できるように、客観的評価を集めておくことです。

また、「ひとりだけ早く帰ると、チームワークとか職場の雰囲気を乱していると思われる」と恐れているかもしれません。

しかし職場のチームワークは一緒に残業しているかどうかで決まるものではなく、相乗効果で生産性の向上といった成果につながることのはず。

もちろん「手伝って」と請われれば自分のできる範囲で手伝ってあげてもいいのですが、みなそれぞれ受け持っている仕事があり、そこに責任があるわけです。安易に手を貸すことが、本当にその人のためになるかは別問題でしょう。

●自分の貴重な時間を費やす価値があるか？

自分の仕事をきちんとこなして定時で帰宅することを「なんだアイツ、いつも早く帰りやがって」と思っている人がいるとしたら、それこそなんの根拠もないただのやっかみにすぎません。

「私を批判する合理的な理由でもあるんですか？」「私が早く帰ることで誰か困る人がいるんですか？」という話です。

ではそんなことを言う人間に、はたして気をつかう価値があるのかどうか。そんな人間のために自分の貴重な時間を費やす価値があるのかどうか。残業するフリをしたところで、自分の未来がどう好ましく変化するのか。

無意味な残業のみならず、その残業代が出ない、休憩時間がない、自爆営業を強制されるなどに心当たりがあり、それらを我慢しているせいで自分の心身を蝕《むしば》んだり良心が傷んだりしているのであれば、「従わない」のもひとつの判断です。

コンプライアンス意識が高まっている昨今、職場の理不尽のほとんどは従う必要などなく、それが法令違反なら上司にそう伝え、話にならなければさらに上の上司に掛けあえばいいのです。

もちろん正論ばかり吐いていては職場で疎《うと》ましく思われるため乱発はしないほうがいいですし、あえて自分を抑えて周囲に合わせたほうが穏便に済ませられるという場面もあるので、そこは見極めが必要です。

しかし、**「自分の成長」とか「良好な労働環境」を阻害するような暗黙的ルールは、この際無視してみる**のはいかがでしょうか。案外、杞憂に終わるかもしれませんよ。

11 「集中する場面」と「手を抜く場面」のメリハリをつける

ガツガツせずに、適当に手を抜く

転職が当たり前の時代になっているとはいえ、やはり多くの人が最初に就職した会社で定年まで働きます。ということは、仮に大学新卒で入社して定年退職が六五歳とすると、約四二年間も同じ会社で働くことになります。

その長い長い職業人生のなかで、途中で転属や異動、昇進や昇格などで多少は刺激があるとは思いますが、つねに全力投球で一所懸命に仕事をするという働き方では、長く続かないリスクがあります。

あまりガツガツ働くと、途中で息切れしたり飽きたりしてモチベーションが下がりやすいのではないかと思います。

実際、あまりギラギラせず淡々と業務をこなしている人のほうが、勤続年数が長い傾向があるという調査結果を何かの本で読んだことがあります。

たとえば全社改革などといった、とても刺激的でジェットコースターのようなチャレンジングなプロジェクトが終わったあと、抜け殻のようになってやる気を失い、転職してしまうという事例は少なくないようです。

そのプロジェクトがあまりに非日常的だったために、ぬるい日常、ぬるい働き方に我慢ができなくなってしまうのでしょう。プロジェクトが終わって日常業務に戻った途端、ぽっかり穴が空いたようなむなしさ、つまらなさに襲われるようです。

私がかつて四年間勤めた外資コンサルのように、「短期的に自分を追い込む筋トレ」的な働き方もありますが、やはり長く勤めるには向いていないように思います。実際、ほとんどの人が修業期間という感じで数年で転職していきますから。

一〇年以上続いている人は緩急をうまく使い分け、集中する場面と流す場面を組み合わせているようです。

つまり、**あまりガツガツせず、適当に手を抜きつつ、重要なところだけダッシュするという、メリハリをつけた働き方をするほうが、「継続」には向いている**ということです。

●手抜きとは生産性を上げること

仕事の我慢を減らすとは、手抜きをすること。それは雑にこなすということではなく、**同じ労力でアウトプットを最大化させる、あるいは同じアウトプットなら最小の労力でこなす**ことです。これを「生産性を上げる」と呼びます。つまり仕事の手抜きとは生産性の向上にほかなりません。

たとえば社内向け資料なのに、フォントやレイアウトをいちいち気にする人がいますが、ここに時間をかけても自分の価値や評価が上がるわけではありません。せいぜい「きれいだね～」程度でしょう。それよりもその時間を省いていったん提出し、フィードバックを受けてブラッシュアップしたほうがいい。

まずはこうした「**時間をかけても仕方がない仕事**」**をしていないかに気づく感受性**

が必要です。

たとえばパソコン操作でも、文章を切り貼りするには、メニューバーから「編集―切り取り」を選択し、カーソルを合わせて再びメニューバーから「編集―貼り付け」をクリックします。

しかしコントロールキーを押しながらXキー、カーソルを合わせてコントロールキーを押しながらVキーを押すことで、瞬時に切り取り&ペーストができます。

これをショートカットキーと呼びますが、これらを知っておけば文書など書類作成にかかる手間と時間が大幅に削減されます。

また、いまではオフィスソフトにＡＩが組み込まれており、ちょっとした調べものや社内向け資料ならササっとつくれますし、表計算のプログラムまで自動で組んでくれます。

仕事でも、自分なりのショートカット手段を開発しておくと便利です。

●コロナで簡単になった手抜き仕事術

また、とくに**ルーチンワークこそつねに自動化・オンライン化を考える**ことです。

たとえばデータの集計作業などはエクセルでマクロを組んだりしている人は多いと思いますし、文書や文章表現などは、過去につくったものを上書きしたりコピペしたりして使い回している人も多いと思います（ただし宛名などを上書きせず間違って送ることもあるので注意が必要です）。

そしてこれは、二〇一九年からの新型コロナウィルス感染症拡大の影響でリモートワーク・テレワークが普及し、より手抜きが簡単にできるようになりました。

通勤時間がなくなり、重要ではない会議は削減され、どうでもいい面会もなくなり、緊急性や重要性が低い出張や訪問もなくなりました。

仮につまらないオンライン会議があったとしても、たとえば会議はノートＰＣの上部に取り付けたスマホでやればノートＰＣで自分の作業ができますから、バレずに内職ができます。あるいはディスプレイをもうひとつ追加して二つの画面でこなすという方法もあります。

請求書なども郵送ではなくＰＤＦで送るようになり、電子印鑑が導入されている企業では稟議書の回覧などもオンラインで済ませられるようになりました。

Slackなどのプロジェクト管理ツールによって進捗状況がオンラインで可視化され、昭和の時代のような報・連・相も不要となりつつあります。

自分のペースで仕事ができるため、自己管理ができる人にとっては天国のような環境に近づきつつあります。

12

「無駄な会議」は手抜きする方法を考える

組織が大きくなるほど、あるいは役職が上がるほど、会議は増えていきます。そのため、「月曜日は一日のほとんどが会議」という人もいるのではないでしょうか。

しかし会議をしている時間は基本的に収益を生みませんし、出席者全員の時給を合計すると巨額なコストになるなど、自分の時間が奪われるだけでなく経営的にもマイナスです。

そのため、**会議はできる限り減らす・短時間で終わらせることが望ましい**。

私も自分の会社では、会議は週一回、それも三〇分程度だけにして、あとはショートミーティングを多用するようにしていました。

しかし自分が会議の主導権を持っていない場合は、効率的な会議運営を心がける、あるいは提案することになります。

会議には、

①伝達・共有するための会議
②判断や決断など意思決定のための会議
③アイデアを出し合う会議

の三種類があります。タイプ別に見ていきましょう。

①伝達・共有するための会議

非効率で生産性が低くなりがちな会議で、指示・徹底のための会議ならともかく、自分や自部門に関係ない報告、すでに知っている内容の報告を聞くのは退屈です。

もちろん社内のいろいろな動きを知れるというメリットはあるものの、経験を積んで社内事情に通じてくると、もはやどうでもいいこと。「そんなのメールでいいじゃん」と思ってしまうでしょう。かといって出席しないわけにもいかないのですが、これをうまく使うには二つの方法があります。

ひとつは、発信される情報ひとつひとつについて「自分はこう考える」「自分ならこうする」という反論や「勝手にコンサル」を脳内で展開することです。これは論理的思考力を鍛えるだけでなく、一段高い視点で経営を考える訓練にもなります。

二つ目は内職です。さまざまな事情でやむをえず参加しなくてはならないなら、これをおすすめします。

②判断や決断など意思決定のための会議

判断や決断などの意思決定のための会議で重要なことは、「出席人数を絞る」「事前にアジェンダ（議題・議案）を配って考えてきてもらう」「部門間の利害が対立する事案については事前に根回しをしておく」ということです。

人数が多いといろいろな立場からさまざまな意見が出て、脱線したり収集がつかなくなったりしやすい。事前にアジェンダを配っておかないと、「えっ、そんなのすぐに決められない」「持ち帰って部内で協議してから」となりかねない。事前に根回しをしておかないと、強硬な反対意見が出て紛糾するリスクがある、というわけです。

③アイデアを出し合う会議

アイデアを出し合う会議で重要なことは、②の条件に加え、「最初に目的を共有しておく」「ホワイトボードに書きながら議論を進める」「批判ではなく代案を出す」ことです。

まず、「**最初に目的を共有しておく**」ことが欠かせません。

目的とは、「この会議で何を得たいのか」ということです。ただのブレーンストーミングなのか、各人のTODOまで落とし込む作業内容や分担を決める会議なのか、問題解決のための会議なのか。

仮に目的が問題解決であれば、最終的には「誰が、いつまでに、何をやるか」まで落とし込む必要がある、とわかりますから、「結論が出なかった」という事態になりにくくなります。

それから、「**ホワイトボードに書きながら議論を進める**」ことも重要で、全員が同じ論点・進度で議論でき、脱線や手戻り、いまは関係ない些末な議論、本質とは外れた議論になるのを防いでくれます。また、書いた内容をスマホで撮って共有すればそのまま議事録となりますから、手間も最小限で済みます。

議論が紛糾したり、「それ、もう決まったことじゃん」「いまそれ言うなよ」という状況になったりするのは、言葉の空中戦で消えていくために、全員が同じ論点に注目していないからです。

これは他人に説明するときも同じで、ノートやコピー用紙に書きながら話すと、会話は自分のペースでスムーズに進みますし、相手にとっても理解が得やすくなり、質問すべきポイントも明確になります。

そして最後の「**批判ではなく代案を出す**」は、「できない理由を探すのではなく、どうすればできるかを考える」に通じる重要な考え方で、①や②の会議にもいえますし、会議に限らず普遍的に必要な姿勢です。

多くの人は「そんなのムリ」「そんなのダメ」「ハイリスク」「○○になったらどうするんだ」「誰が責任を取るんだ」など感情で反発しがち。

しかし、そもそも「批判」も「できない理由」も、そんなことを言ったところで一円にもならないし、何も変わらないし動かない。

ただ批判するだけなら子どもでもできます。なぜなら、考えなくてもいいからです。自分にとっておもしろくないし、考えるのも面倒。つまり、感情に支配され思考停止しているだけ。

それを理性と論理で抑え、「それはこういった理由で難しいと思いますので、こうしてみたらいかがでしょう？」と、批判するなら代案をワンセットで主張する意識を持つのです。

こうすることで、会議の数はコントロールできない立場の人でも、質はある程度コントロールできる。それはすなわち密度の濃い議論、効率的な進行となり、時間の短縮や、同じ時間でこなせる量が増える効果が期待できます。

もちろん、権限がある人は、メールでシェアすればよい程度の会議を減らし、一回の会議の時間にたとえば「三〇分で決める」とデッドラインを設けるなど、生産性の高い会議運営を意識する必要があります。

13 「手の抜きどころ」を押さえる

資料の出来栄えにこだわりすぎない

よかれと思ってやっている仕事が、じつは誰にも価値を提供できておらず、誰からも感謝されないことがあります。そんな仕事は積極的に手抜きしたいところです。

前述のとおり、たとえば社内向けの資料でも、社長や役員会などで使うようなものでなければ、そこまできれいにつくる必要はないでしょう。

業務日報なども、上司が何か貴重なフィードバックをくれるならともかく、進捗や業務内容の確認のためがほとんどなので、怒られない程度でサクッと終わらせてもいい。業務日報に時間をかけても一円にもならないのですから。

顧客にセールスしたり提案したりするための資料なら、信用やわかりやすさを出すために、たとえばカラー印刷で重要なキャッチコピーの文字を大きくするなどの演出をすることも必要だとは思います。

しかし、お金を生まない資料、雑だからといって困ることのない資料なら、フォントやレイアウトなどにはあまりこだわらず、手間と時間を省くために、あえて手を抜いてみるのです。

私もセミナーや講演の資料は、箇条書きの文字の羅列のみで、驚くほどシンプルです。というのも、話の内容がおもしろいかどうかが重要であって、講演の価値は資料の見栄えでは決まらないからです。

「一応」「念のため」「とりあえず」をやめてみる

惰性的なタスクを終わらせるためにも、**「一応」「念のため」「とりあえず」「せっかくだから」という考えを封印してみる**ことです。

もちろん、念には念を入れて対策を取っておく、めったにない機会だから、という場面があるのも事実です。

しかし、無駄になることも多いのがこうした発想です。「一応この書類もつくっておこう」「せっかくだからこのオプションもつけておこう」「念のためもう一度連絡しておこう」みたいなことはよくあるのですが、効率化の妨げにもなりやすい。

そこで自分にしろ他人にしろ「一応」「念のため」「とりあえず」「せっかくだから」という言葉が（口からだけではなく頭の中からも）出たら、**「それ本当に必要？」と立ち止まってみる**ことです。

現実には、惰性でやっている仕事、やめても誰も困らない仕事を、「ずっとやっているから」という理由で続けているケースがあったりします。

そこで疑問に思ったら、周囲に聞いたりアンケートを取ったりして、自分がつくった資料なり情報なりを、それを受け取った人が何にどう役立てているのか確認してみることです（もっとも「なくなると困る」と言い出す人がいてヤブヘビになるケースもあります）。

私自身、かつて会議用資料のひとつをひっそりとやめ、誰にも知られず業務を減らしたことがあります（上司には事後報告しました）。

名刺は整理しなくていい

もらった名刺をどうしているでしょうか？
スキャナーで読み取ってOCR機能でテキストに変換して管理する、秘書やサポートスタッフに入力してもらう、カメラで撮影してアプリで管理する……。いろいろな方法があるかと思いますが、私はまったく管理しておらず、帰ったらすぐに捨ててしまいます。

というのも、仕事上で必要な人は、たいてい名刺交換した直後にお礼のメールを送ります。すると相手からもメールで返事が来ますが、たいていそこには署名があるので、あとで必要になっても検索すれば出てくるからです。

だから**メールを送ったらすぐに捨てるのが、最も簡単で手間暇もかからない方法**です。

ちなみに、とくに仕事では関わらないけれども意気投合した人とはどうするか。その場合、住所や電話番号は不要なので、フェイスブックでつながります。

フェイスブックは住所や電話番号は伏せられていることが多いのですが、プライベートの相手ならそれで十分で、逆に仕事の相手とは書類のやりとりや電話をすることがあるので、ＰＣメールでのやりとりのほうが便利です。

●メールの返信に時間をかけない

意外に時間と集中力を奪われるのがメールの返信です。しかもやっかいなのは、メールの処理をすると何やら仕事をした気分になってしまうこと。

じつは私もそうで、「今日はよく仕事したなあ〜」なんて思ってしまうのです。それでいて、じつは確認や連絡などがほとんどで、一円にもならないことに時間を費やしていた、ということが起こりがちです。


そこで私は、**メールはテンプレ＋短文でサクサク処理**を心がけています。

頻繁にやりとりする相手とは、冒頭に「○○様」とか「お世話になっております。」などをつける頻度を減らし、用件だけを簡潔に書くようにしています。

とくにつきあいの長い取引先とは、「承知しました！」という一行だけの返事を書くことが多いです。

もちろん場合によりますし、取引先、とくに相手がお得意様であれば難しいですし、相手が目上の場合は失礼にもあたるでしょう。

しかし社内向けならたとえば「件名だけ」、ということも可能なはずです。

さらに相手が部下や同僚が相手であれば、件名に「【確認】○○に関する連絡はしてくれていますか？（本文なし）」でもまったく問題ないと思います。

また、文章にしようとすると時間がかかりますが、とくに連絡事項が複数ある場合などは、箇条書きを中心にするとメールの処理スピードが上がるだけでなく、相手にとってもわかりやすくなります。

返事をもらうべき項目がたくさんあるとか、相手が忘れっぽい人なら、番号を振る箇条書きです。これならその後のやりとりも、「③は処理済みです」「⑤はもうしばしお待ちください」など、いちいち「○○の件」などと書く必要がなくなるので便利です。

14

「残業・休日出勤すればいい」という発想をやめる

●「休日の自分」に頼らない

これは私にも経験があるのですが、「仕事が終わらなければ残業すればいい」「休日出勤すればいい」という発想が、目の前の業務への集中力を低下させることがあります。

たとえば、「ちょっと休憩」「隣の同僚と雑談」「フェイスブックやツイッター（X）をのぞく」「ネットのニュースを見る」といった行為を安易にしてしまいがちです。

一方で、「何時には会社を出よう」「何時までには終わらせよう」というデッドラインを意識すれば、「こんなことをしている場合じゃない」というブレーキが働き、緊急ではない雑務や休憩に現実逃避することを避けられます。

しかし、自分で設定したデッドラインを自分の意思だけで守ることは難しい。

そこで、**仕事が終わったあとに予定を入れる**といいでしょう。お稽古事でも友人との会食でも演劇や映画でもなんでもよいのですが、他者との約束に遅れては相手に迷惑がかかると思えば、緊張感が違います。

予定なんて毎日入れられないよという場合は、**家で楽しむ時間を決めて、自分と約束する**のがおすすめです。

たとえば、「楽しみにしている夜九時から始まるドラマをリアルタイムで観ようと、あえて録画予約をしないでおく」「飼っているネコにエサをあげなきゃいけないから、夜七時までには帰らなきゃ心配」あるいは「六時からビールを飲みたいから五時には会社を出るぞ」といった具合です。

ちなみに私には、「夜六時からビールを飲みたいから、それまでに今日やるべきことを終わらせる」という習慣があります。

標準化しマニュアル化し他人の力を借りる

大量の仕事をスピーディにこなすには、他人の力を借りることも重要です。

「自分がやったほうが速い、正確だ」という気持ちはわかりますが、自分で全部抱えてしまうのは、やはり限界があるでしょう。

そこで**いかに他人を巻き込むか、他人に任せるかが重要**になります。そのテクニックのひとつは、業務を標準化し、マニュアルをつくることです。

たとえば私たち夫婦は、ボイストレーニングスクール「ビジヴォ」を運営しています。立ち上げた最初のころは受講生の数も少なかったので、私と二人でやっていました。しかし申込や受講生が増えてくると二人だけではまわならくなり、受付事務は外注に出し、現場で教える講師も雇うことにしました。

さらに企業研修や全国のカルチャースクールでの講義が増えてきて、講師養成コースも設けたらそれでも回らないため、追加で講師を三名増やしました。

この講師は、妻の音大時代の後輩に声をかけ採用しました。発声の理論や実践を大学で専門的に学んだ人たちですから、訓練にそれほど時間も労力もかからないからです。さらに、教え方のマニュアルをつくってそれにもとづいて指導してもらうようにしたので、スクールの質を落とすことなく運営できるようになりました。

最近ではQ＆Aサイトに専門家として答える仕事が加わりましたが、これも「投稿マニュアル」をつくって各講師に渡して任せています。

こうすることで、妻は現場での仕事から解放され、営業や情報発信といった集客のほうにフォーカスできるようになりました。

私も受付や時間の調整といった仕事に追われることなく、入金確認やイベントの企画、ウェブ周りのチューニングなど、やはり営業面に時間を割くことができています。

職人技などはたしかにマニュアル化が難しい部分もあり、属人的なスキルは徒弟制度などで継承していく必要があるのかもしれませんが、たいていの作業は、マニュアルをつくることができます。

自分がやってこそ価値が出ること、自分にしかできないことに専念するためには、「誰がやっても同じ価値が出る」「自分でなくてもできる」仕事をどんどん外に出していくことです。

第3章

人間関係の我慢をやめる

15

我慢して無色透明になってしまう人

我慢が行きすぎると人間関係が息苦しくなる

ほとんどの人は、他人からは嫌われたくないし、できるだけ多くの人から好かれたいと思うものです。そして円滑な人間関係を維持するには、ある程度は自分を抑えたり周りに合わせたりするのも必要なことです。

しかし、その**我慢が行きすぎると、人間関係が息苦しく、窮屈になってしまいます。誰とでも良好な関係を築きたいと思って、自分を押し殺してでも周りに合わせて自分の本心を隠していては、逆に誰ともいい関係を築けません。**当たり障りのない表面的な関係に終始し、深い関係を築けなくなるのです。

なぜなら、たとえばいつも他人の主張を受け入れる人、相づちだけで自分の意見を言わない人、つねに周りに同調する人は、周囲の人からすれば何を考えているかわからないからです。

本人はがんばって仲良くしようとしているつもりでも、相手に迎合しているだけだから、本心が届かない。多くの人は「感情を表に出さない人」に対しては興味を抱かず、やがて無関心になります。

無表情の人やポーカーフェイスの人に近寄る人があまりいないのは、裏では何を考えているのかわからない不気味な人に感じるからです。

あるいは、嫌われたくないという強い思い込みが、会話をするときの緊張感となって相手に伝わり、相手にとって重い印象になることもあります。

本音でぶつかっていかないと、感情の触れ合いがないので、人間関係も表面的なものになります。「あの人、本音では何を考えているのかわからない」「いい人なんだけど壁をつくっている」となり、誰の輪にも入れない。形は輪に入っていても、じつは自分の殻に閉じこもっているだけで、誰にも心を開いていない。印象が残らない人、というのもこういう人です。

さらに、人間関係で過剰に我慢してしまう人は、じつは自己肯定感が低いために、他人から褒められたときに素直に喜べません。自分は褒められるほど価値のある人間ではないと思っているからです。

「その服、素敵だね」と言われたとき、「ありがとう」と返すと、何か自分が調子に乗っているようで心苦しい。

相手からも「ちょっと褒めたからと言って調子に乗ってる」と思われないかと不安で、「そんなことないよ」と返してしまう。相手の気配りを台無しにして、「せっかく褒めても否定される」「褒めがいがない」と、逆につまらない印象を与えます。

つまり、**「こうすれば嫌われない（好かれる）のではないか」と思ってする我慢は、じつはまったく正反対で、むしろ自分を追い詰めるだけの行為**なのです。

私たちは、生身の自分や本音をぶつけて、相手や周囲の反応があり、それに応じて次からの自分の対応を調整し、現実社会に適応する能力を磨いていきます。

「自分はこう思う」という意見や本音を聞いた相手が、怒ったり笑ったり、喜んだり悲しんだりします。それを見て、次からはどう自分の気持ちを表現すれば相手との関係を構築・改善したり、より深くわかり合ったりできるかを学んでいきます。

しかし自分を出さなければ、本当の自分が他人や社会にどう思われるかの反応が得られません。だから、自分のどこをどう調整すればよいのかがわからない。すると自分を出すのが怖くなり、ますます自分を隠すという悪循環となります。

私たちは、色鉛筆の一色

本当はもっと自由に振る舞っても大丈夫です。

「つい我慢してしまう人」はもともと気配りの達人なのですから、ちょっとくらい自分を出しても、むやみに他人を攻撃さえしなければ、嫌われることはめったにありません。むしろ自分の価値観に合う人が集まってくるはずです。

二四色の色鉛筆セットを見たことがあるでしょうか。子どものころ、たくさんある色の種類に興奮したと思います。

その色鉛筆セットを見たときに、これは青みがきついからヘンだとか、これは赤みが弱いから価値が低い、なんてことは感じないでしょう。

どの色も、その色だからこそ価値があるわけです。

これは人間も同じです。**あの人やこの人とは違う「あなた」という色を持っているからこそ価値があるのです。**にもかかわらず、「いい人でありたい」「嫌われたくない」と、周りと同調して自分の色を消そうとすると、あなたの魅力まで消えてしまいます。少なくとも、周囲の人にはそう映ります。

「いい人だけど……」という典型的な表現がありますが、これは我慢して周りに合わせて自分を押し殺す人への、大部分の人間が感じる印象なのです。

だから、自分の性格や考え方や価値観をもつあなたは、地球上に七〇億色ある色鉛筆の一色という貴重な存在。色がひとつしかない色鉛筆なんて意味がないし、一色しかない世界なんて気持ち悪いでしょう。

だからこそ、「あの人は好き、この人は嫌い」ということも起こるわけですが、そうした感情が自分の世界を形成し、その積み重ねで自分の人生を築いていくのです。

といっても、「自分を出さなきゃ」「個性的でなきゃ」などと無理をする必要はなく、自然体で素のままの自分で生きるのが、あなたの個性を発揮するベースです。

私自身も、経営者になってからは経営者の仲間が、ひとりビジネスを追究するようになったら、やはり同じような仲間ができました。アグレッシブに稼ごうと思っていれば同じような起業家が集まる。投資も同じスタンスの投資家が集まります。

それは人間関係の変遷も意味し、自分の価値観やライフスタイルの変化に応じて離れていった人もいますが、新しく友人知人や仲間になった人もいます。同じ方向性を向いているので、本音を出せば出すほど会話は噛み合い、むしろ楽しいものです。

また、私はつねに合理的・論理的でありたいと思っています。だから、そういう論調が好みの人からは評価され、そうでない人からは「理屈っぽい」「生意気」と敬遠されています。

結局、自分の性格を好きだという人もいれば嫌いだという人もいるわけで、それなら素のままの自分を受け入れてくれる人とだけつきあうのが幸せというものです。

そんな状態を「世界が狭くなってつまらないのではないか」と感じる人もいるかもしれません。しかし、**世界の広さを決めるのは、自分自身の視野の広さと、自分とは違うものを受け入れる度量の大きさ**であって、自分と合わない人と我慢してつきあって得られるものではありません。

それに気が合う人とだけとつきあうことは、世界が広いか狭いかという次元ではなく、幸せかどうかという次元の話なのですから。

16

友達はいなくてもいい

友達がいなくても幸せはつかめる

内向的で人見知りな人、人間関係につまずきやすい人、気疲れしやすい人は、「友達はいなくてもいい」と思い切って割り切るのがおすすめです。

友達の存在は人生を楽しくする一要素ですが、必須のものではありません。友達がいなくても生きられるし、幸せもつかめます。

これが思春期の年ごろであれば、自分の感情を共有できる同年代の友達は、情緒的発達には欠かせないかもしれませんが、社会に出て自分でお金を稼げるようになれば、ひとりで生きられます。コンビニに行けば食べ物が手に入るし、病院にも行ける。ひとりで楽しめる娯楽もたくさんある。何も困ることはありません。

「寂しい」？

いまや「おひとりさま」でも楽しめるよう、飲食店を始め動画や漫画など娯楽も充実していますから、気になることはないでしょう。ＳＮＳに時間を使うこともないですから、お気楽です。

「悩みを相談できる人が欲しい」？

成人して抱える悩みのほとんどは、友達に相談してもどうもならないことばかりで、専門家にお金を払って解決してもらうべきものです。逆に友達に相談して解決できる程度の悩みは、じつは悩みにすらなっていないといえます。

「人に話すとすっきりする・悩みが整理できる」という効果があるのはたしかですが、成熟した大人とはそれらを自分のなかで消化できる知性を持っているものですから、自分の知的成熟度の幼さを疑ったほうがよいかもしれません。

これは拙書『前向きに悩む力』（日本実業出版社）でも紹介した「内省」という作業で、この習慣があればさまざまな悩みを自分で消化・昇華できるのです。

そう考えれば、**友達は「いればいいいな」ぐらいのもので、いなければいないで問題ない**と思えてこないでしょうか。

●「孤独」をたのしめる人は他人を尊重できる

ちょっと話は変わりますが、多くの人は、自由を求めていると思います。

他人を気にして本音を出せない状態、何かに縛られてがんじがらめになっている状態より、自分の好きなように生きられるほうがいいはずです。つまり、**自由とは、何からも誰からも制約を受けず、自分の意のままに生きられること**です。

そんな自由を得たいならば、そこには必ず孤独がつきまといます。なぜなら、人はそれぞれ考え方や価値観が異なるため、誰かと一緒にいようとすれば必ずぶつかる場面が出てきますから、それを避けるにはある程度の距離を保つ必要があるからです。

たとえば田舎の集落で暮らせば、農作物を融通しあったり、互助的な生活が送れます。その代わり、地元の人間関係や風習には多少なりとも従わなければなりません。

一方、都会にはそのようなしがらみはほとんどありません。賃貸マンションに住んでいれば、隣の人が誰かも知らないし、知る機会すらないと感じる人も少なくないと思います。風習や習慣もない。だから誰にも縛られない。これは自由です。

しかしその裏返しに、都会に暮らすとアパートの一室でひとりぼっち、などと孤独を感じることもあるわけです。

また、ひとりでは寂しいからと、いつも誰かとつるもうとすれば、自分の意に沿わないことも、周囲の目を気にし、周囲の評価を気にし、気配りしなければなりません。寂しくない代わりに、不自由さが伴います。

孤独を受け入れずして自由を得ることはできません。逆に孤独を避けようとすればするほど、他人に合わせなければならず、つまり自由もあきらめることになります。

逆にいうと、**孤独を受け入れて初めて自由を獲得できる**ということです。

それに、ひとりの時間を楽しめるということは、自分の領域を尊重しているということでもあります。それはつまり、他人の領域を理解し尊重することにつながり、ずけずけと相手に踏み込んだり自分の考えを押しつけたりしない寛容さにつながります。

自分は自分、他人は他人というほどよい距離感を守ろうとしますから、他人に対する許容力が上がり、イライラを減らし、他人と比較しないで生きられるということです。

ご近所と円満でなくてもいい

同じ理由で、近隣住民とのつきあいはなくてもいいし、それで気をつかう必要もないと私は考えています。地域によっては、面倒くさいと思いながらも我慢しつつ、「ご近所さん」とつきあっている人もいると思います。

そもそも近所の人と神経をすり減らしてまで仲よくするメリットはあるでしょうか。田舎なら前述のように野菜を融通してくれるなどといったことがあるかもしれませんが、別にスーパーで買えばいいだけです。

私自身は、近所づきあいはゼロです。自宅を建築する際、両隣から反対運動があったそうで、引っ越ししたときにあいさつに行ったときも嫌味を言われたぐらい嫌われているからです（自宅は三階建ての賃貸マンションですが、どうやら嫉妬のようです）。それ以来、すれ違ってもあいさつすらしない間柄です。

しかしそれが幸いし、自治会への勧誘がありません。自治会費はかからないし、回覧板を回す手間もないし、地域のイベント（夏祭りや公園の清掃など）に駆り出されることもないので、これはラクです。

また、近隣は高齢者が多く、自分の子どもの学校関係と被らないですし、自分たちとは生活リズムが違うことから、顔を合わせることもほとんどありません。

家の前には市が設置した防犯カメラがあるので防犯面も安心で、賃貸マンションゆえ自前のダストボックスを設置しているので、共同のゴミ集積所を使うこともない。

このように、**わが家は「ご近所づきあい」からは完全に外れていますが、まったく不都合はありません。**


ただし人間関係がなくても問題ないよう、災害対策は万全にしています。防災セットや非常食、ミネラルウォーターの備蓄量はおそらく近隣ナンバーワンだと思っています。非常時でも近隣の支援が必要になる可能性は低く、むしろ自分のほうから提供できるもののほうが多いのではないかと思っています。

そもそも、「人間関係があるから助けるけれど、なければ助けない」という発想は私にはなく、そういう場面では誰であろうと助けるつもりです。

17 無理して話しかけなくていい

なぜ、沈黙を気まずく感じるのか？

「雑談がうまくなる」という類の本が売れるのは、やはり会話の間が持たないのが我慢できず、気まずい沈黙を解決したいと考えている人が多いからでしょう。

では、なぜ沈黙が気まずいと感じるかというと、沈黙によって「会話が盛り上がらない、つまらない人間だと思われるのではないか」という恐怖心があるからです。

この恐怖心のせいで、「そ、そういえばご趣味は何を？」などとその場とはまったく関係のない話を持ちかけてよけいにしらけたり、「結婚はまだ？」などつまらない爆弾発言をして地雷を踏んだりすることにもなりかねません。

また、自分が焦っていることは相手にも伝わり、「この人焦ってる。余裕のない人ね」と映るし、相手にも「この人、気まずいと思っている。自分も何か話題を振らなきゃ」というプレッシャーを与えてしまうなど、あまりいいことはありません。

どうでもいい話で間を埋める必要はない

そこでまずは発想を変え、**「沈黙は悪いことではない」という認識を持つ**ことです。

そもそも言葉は何かを伝えるための手段であり、ただ間を埋めるためのものではありません。相手もまた、とくに話題もないから黙っているわけです。あるいは話したくはないのかもしれない。相手も何か考え事や心配事があり、話す気分ではないかもしれないのです。

たとえばエレベーターのなかで誰かと二人きりで、沈黙して気まずいと感じたとしても、相手が黙っているのなら、本人が話したくない、話したいことがない、この人と話す必要がない、あるいは別の考え事があるということ。

なのに**自分の一方的な思い込みによって強引に会話に引き込むのは、相手にとっても迷惑**でしょう。

タクシーに乗ってもやたらと運転手が話しかけてきて、自分はしゃべりたくない気分なのに迷惑という場面を経験したこともあると思います。

そこで、もし沈黙して焦ったとしても、ひとまず「相手にも話す話題がない、話す必要がないから沈黙しているんだ、だから自分も黙っていていいんだ」と言い聞かせ、いったん相手から目をそむけて窓の外を見たり、リラックスを心がけることです。

沈黙しても、それをリラックスして過ごせると、「沈黙は気まずい」ではなく、「静寂な空間」となるし、逆にその余裕があれば、逆に相手から会話をつないできても、普通に返せるでしょう。

だから、**どうでもよい言葉を垂れ流してまで間を持たせる必要はない**のです。

もうひとつは、**沈黙は何も自分だけのせいだけではなく、相手のせいでもあることを認識する**ことです。相手が話題豊富で外交的なら沈黙になるはずはなく、相手もまた雑談下手だから沈黙するわけで、それは相手の問題でもあります。

話したいことがあるなら向こうから話しかけてくるものです。むしろ焦ってくだらないことを言って失点リスクを負うよりはましなので、いちいち気にしないことです。

18 初対面の人に自分から話しかけなくてもいい

特別な事情がない限り大人数の会には行かない

私は極度の人見知りなので、初対面の人には自分から話しかけることができません。なぜなら、話しかけても話題が続かないからです。

だから、パーティー・飲み会・交流会・懇親会・親睦会などでは、たいていひとりぼっちになります。宴会で座敷に座っても、隣の人に話しかけることもありません。席の移動もしないし、トイレから戻ってもまた同じ席に座ります。

そんな調子ですから、**知っている人や話せる人がいない集まりには、仕事や義理でもない限り、そもそも行かない**ことにしています。

経営者仲間や著者仲間など、義理で出席する必要に迫られるイベントもあります。それでも私がまったく気にならないのは、「義理で来ているのだから、出席することに意味があり、その義理が果たせればそれでＯＫ」と割り切っているからです。

義理で出席した懇親会やパーティーでも、自分からは話しかける勇気がないから、ひたすら食べて飲むことにしています。そういう場はたいてい飲み放題でセルフ立食なので、自分のペースを守ることができます。

ただし、周囲の人間を拒絶する「近寄るなオーラ」は出さないように、なるべく上を向いて朗らかな表情を保つようにしており、話しかけられたらもちろん会話をします（しかし私は黙っているとムスっとしている印象があるらしく、妻からもよく「アナタ話しかけるなオーラ出てるわよ」と注意されますが）。

一方、居酒屋などで着席形式の懇親会をする場合、誰とも話さずにパクパク食べて飲むとすぐになくなるから、自分の食べ物は多めにとる必要があります。

しかし料理が出てきてすかさずガバっととると、「何やってんだコイツ」と思われる懸念があるので、料理が出てきてもしばらく待ち、数人がとったあとで自分の分を「多め」にとるようにしています。我ながら涙ぐましい努力です。

もちろん二次会も行かないし、苦手なカラオケは最初からパスします。

なお、私は出版業界や不動産投資業界ではそこそこ名前が知られているため、関連のイベントであれば自分から話しかけなくても周囲からちょこちょこ話しかけられるため、あまり苦労はありません。

しかしそうでない人がほとんどだと思いますので、考え方などのコツをご紹介します。

●他人はあなたにはなんの興味もない

そもそも知らない人ばかりの場にいて、いたたまれない思いをするのは、周囲から『あの人、誰とも話していない寂しい人だ』と思われるかもしれない」という恐怖心があるからだと思います。

しかし、他人からどう思われるかを気にしても、他人が実際にどう思っているかはわかりません。わからないことで居心地が悪くなったり、肩身が狭く感じたりするのは、単なる妄想であり、意味がない感情だと気づくことです。

ほとんどの人は誰かのことを「あの人、ひとりぼっち」「食べてばかりで何しに来たんだろう」などとは思わないものです。

ちらっと思ったとしても、そもそもみな自分のことに必死です。とくにパーティーなどでは自分がどれだけ多くの人と知り合えるかに一生懸命なので、ぼっちの人はターゲット外としてスルーされます。

ぼっちの人は眼中に入らないし、会場を出たらあなたのことなどすぐに忘れ、誰も覚えていません。名刺交換もしてないですから、自分の利害関係にはまず影響ない人たちです。だから、**「居心地が悪い」と感じるのは自意識過剰**なのだと言い聞かせることです。

知らない人ばかりのイベントでは、無理して話しかけようとする必要はなく、むしろリラックスしてその空気を楽しむことです。

居心地の悪さを感じている人は、その不安感が表情や雰囲気ににじみ出て、おどおどした小人物に映りますから、よけいに話しにくくなります。

むしろ**その場の雰囲気を高みから眺めて人間観察に徹しているほうが、余裕のある人物として逆に「あの人に話しかけてみようかな」と思われやすい**でしょう。

とくにぼっちの人ほどぼっちを発見しやすいので、同じぼっちの人から話しかけられる可能性が高まります。

言いたいことを我慢して悶々《もんもん》とする

言いたいことを言えないで悶々とするとか、モヤっとするといった気持ちを抱えることが多い人は、「相手に嫌われないだろうか」「相手の気分を害さないだろうか」「失礼な人とか思われないだろうか」などと相手の感情に配慮しすぎる傾向があります。

もちろん相手との関係性とか、相手の性格とかその場の状況などにもよるのですが、**「自分が我慢することでより大きなメリットを得られるか」をまずは考えてみる**ことです。

職場で同僚から頼み事をされた場合、「ここで恩を売っておけばあとあと役立つ」「この仕事をやれば他部署とのつながりができるなどプラスになる」などと思えれば引き受ければいい。

逆に「この人はいつも安易に周りに頼ってばかりで感謝してない」「単なる雑務で自分の時間と労力が奪われるだけ」などの場合には、「ゴメンね、このあと大事な予定があって」などと断ればいい。
そしてこういう人に限って「なんの予定？　そんなに大事なこと？」などとドカドカ踏み込んでくるのですが「プライベートな予定なのでナイショ♪」とかわせばいい。

あるいは、ママ友が頻繁に子どもを預けにやってきて、「ウチは託児所じぇねえ！」と感じるぐらい頻度や時間が度を越している場合。

たまにであれば自分も相手に子どもを預かってもらうこともあるでしょうから、多少は我慢してもこちらにもメリットはある。

しかし実際はそれほど預ける機会はなく、受け入れてばかりではメリットよりデメリットのほうが大きい。

こういう場合はたとえば「親が体調を崩して通院につきそわないといけないので、預かれなくなったの」などと体のいい言い訳をして断るほうが精神的にもいいでしょう。

次に、**相手の感情を自分で勝手に忖度するのではなく、「自分が同じことを言われたらどう感じるか」と、役割を交代して想像してみる**ことです。

「自分だったら別になんとも思わないな」と思えるなら言っても構わないでしょう。「自分だったらムッとするな」と思うなら、「言い方を変えてみるとどうだろうか」と工夫してみて、適切な表現が見つかればそれを言えばいい。

ただしこれは訓練というか慣れが必要で、相手から言われたときに瞬時に脳内でシミュレーションするわけですから、思考の瞬発力が必要です。

言い返せない人や断れない人は、反論に慣れておらず反論の想定すらしていないですから、仮に失礼なことやデリカシーのないことを言われると、脳がフリーズして言葉が出てきません。

そこで最初のうちは間が空いて微妙な空気になったとしても、その瞬間にぐるぐる思考を巡らせて反論する習慣づけが必要です。

19

人間の感情とそのメカニズムを知る

●「なぜ、こんなことを言うのか？」を想像する

もし納得できないこと、腹が立つことを言われても、「この人のこの発言は、こういう心理からくるものだろう」と想像できれば、イライラは相手への理解へと変わり、理不尽な我慢をさせられているという怒りも和らぐものです。

相手の発言の奥底にある心理を分析すればするほど、自分がカッとなったり、うろたえたり、おびえたりすることも減り、ある程度の余裕をもって対処できようになるからです。

大切なことは、「**この人はなんでこんなことを言うんだろう？**」「**なぜこんな理不尽なことをするのだろうか？**」**を観察するとともに、その背後にある心理を知っておく**

ことです。

たとえば「最近、ちょっと太ったんじゃない？」「その髪型、ちょっと変じゃない？」などという失礼な発言も、ときに嫉妬の感情が絡んでいることがあります。

あるいは、「この人には恋人がいるのに、私にいないのは納得できない」「この人に仕事の能力では勝てないから、容姿で勝つしかない」などと、自分が下であることを認めたくない、自分のほうが上であることをアピールしたくて、このようなマウントめいたセリフを吐くことはよくあります。

かといって、「あいつに恋人がいるのに、私にいないなんて悔しい、うらやましい」とは口が裂けても言えない。それはプライドが許さないわけで、そこには本人の満たされない不満や憤りがあるのです。

だから、無礼な嫌味やマウントをとるような発言をする人に対しては、「いろいろ不満を抱えて、この人も自分を正当化させるために必死なんだな」「こんなことで有利に立たないと自尊心を保てない程度の人なんだな」と不憫《ふびん》に思うくらいでちょうどいいというわけです。

「あなたって○○よね」などと決めつける人も、自分が安心し溜飲《りゅういん》を下げるために、自分が好む型に当てはめたいのです。そういうときも、「この人も悲しい悪あがきしてるな～」と憐《あわ》れんであげる。

というふうに、**普通の感覚からすれば不可解で信じがたい言動も、分析しながら受け止められれば、冷静に受け流すことができる**でしょう。

トゲのある言葉を投げかけられても、「へえ、そうなんですね」「まあ、そういう見方もあるかもですね」などと涼しい顔でかわすこともできます。

● 成熟した人間は簡単に動揺しない

そもそも**知識と教養のある成熟した人間は、小さなことにカッとなったり、つまらないことに安易に喜んだり悲しんだり動揺したりしない**ものです。

つまり、いたずらに感情を刺激されることが少ない（あっても即座に制御できる）ので、感情の起伏があまりなく、穏やかな精神状態を保てるのです。

逆にたとえばすぐに喜んではしゃぐ人、感激したり感動したりと感情表現が豊かな人は、冷静に対処することが苦手です。だから、ちょっとしたことで落ち込んだり、想定外の出来事にいちいち動揺したりします。

そしてこういう人は怒りの衝動にも負けやすいところがあります。たとえばすぐにカッとなって怒鳴るとか、売り言葉に買い言葉で罵《のの》し合うなどと、人生を破滅させる結果になることもあります。

しかしいたずらに感情を表に出すのは単なる動物の行動で、理性をつかさどる前頭葉がほかの動物よりも巨大に発達した人間のする行為としては低次元すぎます。

たとえば彼氏や夫と美術展に行ったり映画を見たりしたとき、相手が全然感動しなくてつまらない、とこぼす女性がいます。

しかしそうした薄い反応は、じつは精神状態を制御できる知性を持ち、心が安定している証拠なので、むしろ喜ばしいことです。

そして、そうなるには、**たくさんの知識を得て、人の行動原理を分析し、それを反《はん》芻《すう》して想像力を高める**ことです。

適度の距離感をとったほうがいい相手

人間の感情のメカニズムと行動がわかれば、できるだけ距離をとったほうがいい人がいることがわかってきます。それはどのような人でしょうか。

まずわかりやすいのは、**自慢話が多く目立ちたがり屋など、自己顕示欲や承認欲求の強い人**です。こういう人は会話のなかでもマウント発言が目立ちますし、「なにに？」と唐突に会話の輪に入りたがるなど、自分が話題の中心にいないと気がすまないのでわかりやすいでしょう。

こういう人は格付けも好きで、他人の服装や持ち物までチェックして比較しようとする傾向もあります。

また、**自分の非を認めたがらない、プライドの高い人も要注意**です。こういう人は保身のため言い訳や責任転嫁が多く、自分の意見を批判されるとスネたり猛然と抗議したりしてきます。「へえ〜そうなんだ〜」などでスルーしておきたい人たちです。

プライドが高いと「嫉妬なんてしてないよ」「自分には関係ないね」などと涼しい風を装いつつ心の奥底では嫉妬の炎がメラメラ、という人もいるので、不自然なほど無関心の態度を装う人にも要注意です。

こういう人は受動的攻撃（わざと仕事の手を抜いたり期限に遅れたりして邪魔をする）を仕掛けて相手のせいにしてスケープゴートにすることがあるので、言った言わないにならないように、仕事ならばたとえば打ち合わせ内容や指示などは確認メールを送っておくなど、証拠づくりをしておいたほうがいいでしょう。

他人の悪口や批判的な会話、噂話が多い人も距離を置きたいところです。彼らは会話の中身に尾びれ背びれをつけて拡散する傾向があります。

なぜなら、他人のことに興味を持ったり他人のことを詮索したりする人は、つねに他人と自分を比べていなければ安心できないため、ゆえに嫉妬しやすいタイプだからです。

たとえば相談と称して恋愛の悩みや上司の悪口などを言ってしまうと、あっという間に広がり自分が窮地に追い込まれるリスクがあるので、愚痴やら自分のプライベートな話はなるべく避けたほうが賢明です。

そして、**決めつけや被害妄想が強い人。**たとえば自分にはお金がないからできない、背が低いからモテない、頭が悪いから無理、と決めつけて、ほかの方法が見えない視野狭窄になりやすい人です。

こういう人は、自分に自信がなく、グレーな状態に我慢ができません。なぜかというと、グレーでは自分の優位性が確認できないからです。だから決めつけることで（たいていが相手の欠点を中心に決めつけます）自分の優位性を確認したいのです。

彼らは他人を認めたら負けだと思っているので、こうと決めたらテコでも動かないですし、「あなたってこういう人よね～」などとバカにしてくるので、気分を害されます。

こういうタイプの人とはできる限り距離を置きたいものです。

20 「嫉妬を買いやすい行動」を避ける

自慢に聞こえる可能性のある話は自分からしない

嫉妬される人のなかには、無防備で無神経な発言や振る舞いによって、自分から嫉妬される種をまく人もいます。

たとえば、「同期トップで昇進した」「○○（人気エリア）に住んでいる」「このバッグ（普通のOLではとても手が届かない高価なブランドもの）、彼氏に買ってもらったの」「ウチの子が○○中学（名門中高一貫校）に受かった」などと、本人の悪気のないひと言が、他人をイラっとさせることに気がつかない。

つまり、自分の言動がどう受け止められるかという想像力が欠如しているのです。

喜びを分かち合いたい気持ちはわかりますが、だからといって相手も自分と同じように感じてくれるとは限りません。自分の感情に正直すぎる発言をする人は要注意です。

そこで、**何が嫉妬されやすいかを知っておくと、嫉妬されにくい言動をとれる**ようになります。

あくまで一般論ですが、男性の場合、仕事の能力、社会的ステータス、お金、学歴、人脈などを比較して優劣をつけたがる傾向がありますから、それらで自慢になるような話は、聞かれない限り自分からは話さず、アピール合戦にも参加しないことです。

女性はどちらかというと仕事や地位などより、「輝き」「美しさ」「充実感」などで自分よりも幸せそうな人に嫉妬する傾向があります。

とくに異性からの評価には敏感なので、相手にもよりますが、恋人や配偶者、パートナーの話は避けたほうが無難です。職場でも、みんなが見ている前で男性同僚とはしゃぐのは控えたほうがいいかもしれません。

また、女性の場合は共感がベースとしてあり、仲間内での公平や平等を重んじます。だから抜け駆けは一切許さず、自分たちより抜きん出たら、叩いて引きずりおろすなど足の引っ張り合いをするケースがあります。

●嫉妬されたら相手の言動と感情を分析する

そしてもし自分が嫉妬されている、攻撃を受けていると気づいたら、まずは**相手の反応をよく観察するとともに、自分のどこに嫉妬をしているのかを分析してみる**ことです。

前述したことの繰り返しにはなりますが、相手の言動の裏に隠された感情を分析するクセをつければ、「この人はこういう心の傾向があるんだな」と他人の不愉快な言葉やいやがらせに狼狽することなく、冷静に対処できるからです。

するとこれまでも述べてきたとおり、たいていは相手の精神的未熟さからくるものだとわかるので、むしろ哀れみの気持ちを持って受け止める、あるいは受け流すことができるでしょう。

そうやって相手の心理的状況がわかれば、攻撃を受けても気持ちに余裕ができるので、深刻に受け止めて落ち込むことを避けられるなど、自分の心のダメージを和らげられます。

第4章

家事・生活の我慢をやめる

21 家事は徹底的に手抜きしていい

家事が「ご機嫌」を奪っている

家事を「面倒だけどやらないといけないから」と我慢しながらやっている人も多いのではないでしょうか。そのためにイライラしたり、夫婦げんかになったりなど、自分と家族の「ご機嫌」を奪っていることもあるでしょう。

私自身は「**家事は必要だけれど重要でない**」**と考えており、我慢せず手を抜けるところは抜く**ようにしています。

もちろん、家事に時間や手間をかけて「ていねいな暮らし」を志向する人の価値観まで否定するものではありません。おうち時間が長いとか、家で過ごすことが無上の喜びという人もいると思います。

本書を手にした人の多くは、「面倒くさい家事をもっと無駄なく効率よくこなしたい」でも「手を抜くことに後ろめたさを感じる」と考えているのではないでしょうか。

そこでこの章では、家事を含めた生活全般の手抜き術についてご紹介します。

家事は自己満足の世界!?

私がなぜ家事は重要でないと考えるかというと、**行動指針として「お金にならないこと、人との信頼関係につながらないことはできる限りやらない」ことを据《す》えている**からです。

そもそも家事をいくらやっても一円にもなりません。お金にならないどころか、時間と体力を消耗します。

また、家事は生活を維持するために「当たり前」にやることですから、基本的に誰かに感謝されるような性格のことでもないでしょう。

もちろん家族に感謝の気持ちを忘れない姿勢も殊勝ですが、毎日毎日、何年も何年ものことですから、いちいちそんな気持ちなど持ち続けられないのが正直なところだと思います。

それに、家事は、他人が知ることのないプライベートなことですから、それを一生懸命やったからといって他人から信用されるとか人間関係がよくなることもない。つまり、悪くいえば、**家事は「自己満足の世界」**なのです。

もちろん子どもが親の生活態度を見て、身辺自立などの生活力を学ぶという側面は否定しませんが、ひとり暮らしをすれば強制的にそういう環境になりますから、それほど教育効果として重要だとも思えません。

であるならば、家事に時間や労力を割きたくない。

家事代行に掃除・片づけを外注する

そこでわが家では、家事代行に頼んで家のなかの掃除・片づけを外注しています。

家事をやる時間があれば仕事に充てたほうがトータルではメリットが大きいと考えているからです。

家事に毎日一時間かけるならば、その時間でこうして原稿を書くほうが、コストを差し引いても儲かります。

家事に労力をかけるより、その体力を温存し、夕方に小学校と保育園から帰ってくる子どもたちと遊ぶほうが私にとっては重要です。

掃除も片づけも外注できるから、子どもたちが部屋を散らかしても、イライラしたり叱ったりすることもなく、鷹揚《おうよう》に構えていられます。

「しかし、それでは掃除や片づけの習慣がつかないのでは?」と思うかもしれませんが、学校や保育園では掃除も片づけも強制されていますから、できないわけではない。

家の外でできることなら、必要な状況になればできるはずだから、家のなかでは何をやってもいいと私は考えています。

家庭は、子どもにとっての安全基地。窮屈な制限などないほうがいいだろうという、わが家の方針です。

22

家事をしなくても死ぬことはない

落ち着かないのは気分の問題

「ワークライフバランス」という言葉があり、仕事と家庭のバランスを取るのはなんとなく理想のような響きがあります。

しかし、私たちの人生にはワークもライフもどちらも必要なものなのに、別のものとして考えるとどちらかが犠牲になるというトレードオフの発想になってしまいます。

そこで「**ワークとライフはバランスが悪くて当たり前**」**と割り切ってみる**のはいかがでしょうか。

同時に、「家事をしなくても死ぬことはない」という認識を持つのです。

たとえば洗濯をサボっても、ちょっとニオイがするだけです。気になるなら消臭スプレーやコロンなどでごまかせばいい。とくに冬場はほとんど汗をかかないから、二～三回は洗わずに着ても問題ない。バスタオルも、使ったあと干しておけば、二日は使えます。雑菌が増えるそうですが、使ったあとすぐ乾燥させれば病気になるほどではないでしょう。

掃除をサボっても、散らかるだけです。**散らかっているのが落ち着かないという人もいると思いますが、それは単に気分の問題であって、「散らかっている＝悪」ではない**のです。

トイレの黒ずみも、気分の問題。「サボったリング」というテレビＣＭがあったとおり、ただのサボりですが、トイレ掃除をサボっても何か損失を被るわけではない。浴槽もザラつきが気になるまで放置でいい。どれも気分の問題にすぎません。

ホコリについては、小さな子がいる家庭やアレルギーがある人はダニなどの危険があるので、ササっと拭きとったほうがよいとは思いますが、アレルギーなどがない健康な大人ならそれほど問題ありません。布団を干すのが面倒なら、布団乾燥機をダニ死滅モードにしてかけておけばいい。ウチもそうしています。

●家事よりも大事なのは笑顔でいられること

実際、ニュースなどで「汚部屋」が話題になることがありますが、それでも本人は平然と元気に暮らしているものです。

料理をサボっても、外食・宅配・店屋物で済ませればいい。たとえば幕の内弁当ならば、偏った自炊よりも健康的ですし、総菜もうまく組み合わせればバランスがとれた食事になるでしょう。

繰り返しになりますが、家事をサボって気になるのは、単に気分の問題です。「部屋はキレイでないといけない」「整理整頓が大事」「掃除をしないといけない」「片づけないといけない」という思い込みが、強迫観念や罪悪感につながっているだけですから、それらを取っ払えばいいでしょう。

そして、家事よりも大事なのは家族との団らんの時間。家族が笑顔でご機嫌でいられること。これらを犠牲にするほどの価値は、家事にはないのですから。

23 気分転換としての家事

「単純作業」で生活のリズムをつくる

もちろん、まったく家事をやらないわけではありません。わが家では掃除や片づけは外注していますが、たとえば洗濯とその取り込みは私がやっています。それは「気分転換としての作業」という位置づけです。

先ほど「家事にかける時間があれば、仕事をしたほうが儲かる」と書きました。とはいえ、ずっと集中力が持続するわけではありません。書く仕事はとくに脳の疲労が激しく、数時間も書いているとかなり疲れてしまいます。

そのため私は、昼ごろに洗濯が終わるように、朝に洗濯機のタイマーを設定して出かけています（私は家では集中できないので毎日近所のカフェに行って仕事をしています）。

午前中の仕事で疲れ、帰宅したころには洗濯が終わっていますから、気分転換を兼ねて物干しに洗濯物を干すというわけです。

脳の疲労解消には単純作業で身体を動かすのが適しており、無心になって干したあとにはまた集中力が戻って来るという算段です。

ここを外注に出さず自分がやることで、コスト削減と気分転換が両立できています。

●料理をつくる気力がないときはラクしていい

食事づくりは妻が担当しています。かつて外注を提案したことがあるのですが、「私は料理が好きなの」ということなので任せています。彼女いわく「体に入るものは自分で選びたいし、おいしいものを追求するのが好き」だそうです。

とはいえ仕事で忙しい日は、さすがに料理をつくる気力もなく、外に食べに出かける元気すらないことがあります。そういうときは、総菜・テイクアウト・デリバリーの出番です。

わが家にはそれになんのためらいもありません。逆に、「食事をつくらないといけない」という人の気持ちが理解できません。「つくらないといけない」なんて誰が決めたのでしょうか？　単なる本人の思い込みではないでしょうか。

疲れているうえにさらに自ら家事を強要するよりも、便利なものを利用するほうがいいのに、と思います。

「夫が不機嫌になる」という人もいるようですが、それなら夫につくってもらえばいいでしょう。育児とは違い、**家事は「やれる人がやる」「やる気のある人がやる」が大原則**です。

私自身は買い物も料理をつくるのも苦手で、片づけも面倒なので、妻が不在の夜は、外食・持ち帰り弁当・冷凍食品などで済ませています。

買い物に行かない、料理をしない、後片づけをしない（あるいはトレー類を捨てるだけ）というのは非常にラクです。

マクドナルドなどのファストフードを嫌う人もいますが、たまになら子どもも喜びますし、一食ぐらいジャンキーでも健康には影響ないでしょう。

繰り返しているとおり、「何より食事は楽しい時間であるべきだ」というのが私の方針ですから、楽しく食事ができればいいのです。

また、子どもたちはラーメンが好きですが、家でつくるときは全粒粉麺《ぜんりゅうふんめん》や大豆由来の麺を使うなど、炭水化物が過多にならないよう、栄養面についてはそれなりに意識しています。

家事は段取りを意識する

先ほどのような「気分転換としての作業」という位置づけは、私が自営業で時間に融通が利くからこそできるわけで、会社員の場合はそうもいかないかもしれません。

そこで多忙な人、共働き家庭では、たとえば洗濯に関しては全自動洗濯乾燥機が便利です。

たとえば値段の安い夜間電力を使って朝に洗濯・乾燥が終わるように設定したり、帰宅に合わせて洗濯・乾燥が終わるように設定したりできます。

また、全自動食洗器も深夜に動かし、ルンバのような自動掃除機は会社に行っている日中に動作するよう設定する、というのもよくある話です。

つまり、家事をいかに手を抜くかは、作業そのものの省略化・省力化だけでなく、「段取り」にも大きな影響を受けます。

たとえば宅配便も、訪問時間まで自宅でただひたすら待つとか、再配達時間に遅れないよう急いで帰宅しようとするよりも、会社帰りの最寄り駅の宅配ボックスで受け取るほうがラクだという人もいるでしょう。

買い物も毎日行くのではなく、一週間分の献立をざっくり決めて週末に食材をまとめて買っておくとか、献立と食材の宅配サービス（玄関前に置いてくれるので必ずしも自宅で待機しなくてもよい）を利用するやり方が向いている人もいると思います。

あるいはひとり暮らしなどで洗濯ものが少なければ、週末に一週間分をまとめてコインランドリーに持って行き、一気に洗濯・乾燥まで済ませれば平日の洗濯作業から解放されて合理的という人もいるでしょう。

そうやって**自分と家族の生活リズムを考えたとき、どの場面でどういうサービスを利用するかが最も効率的かを考える**ことです。

●「常識」という固定観念を外す

以前、ある主婦が総菜店でポテトサラダを買おうとしたら、「ポテトサラダくらい自分でつくれ」などとおじさんが難癖をつけてきたという話が話題になったことがありますが、そういう人は種イモから植えて一年かけて育て、収穫してからポテトサラダをつくるのでしょうか?

おそらく暗に「料理の手抜きをするな」と言いたいのだと思いますが、これは根拠のない固定観念です。「家族には手料理を振る舞うべきだ」という固定観念が、総菜を買う行為を「手抜き」とする批判になるのでしょう。

そういえば私も、自分の子どもが通う保育園からもらった手紙に「お弁当は愛情いっぱいの手づくりでお願いします」と書かれていたのを見たときには笑いました。出所は文部科学省だそうですが、お役人まで「子どもが食べる弁当は手づくりであるべき」という発想にとらわれているなんて、いったいいつの時代の話でしょうか。

食事は（母）親がつくらなければならない、お弁当は手づくりでなければならないとは、いったい何を根拠に誰が決めたのか？　何も根拠はないし、誰も決めていないこと。要するに**手抜きに罪悪感を覚える人は「〇〇すべきだ」「△△であるべきだ」という固定観念でガチガチになっているだけ**です。

そういう考えに縛られるから窮屈になるし、そうではない現実、やりきれない自分に苦しみ悩むわけです。

だからまずは、そういう根拠のない思い込み、固定観念を外し、もっと自由に、もっと柔軟に考えること。現代社会の美徳にはいい側面もあるものの、それが心を縛る側面もあることに気づくことです。

しかし最大の問題は、その対象になる人のほとんどは「自分が常識にとらわれているとは思っていない」「そもそもそれが固定観念であることに気づいていない」ことです。自分の常識や固定観念に気づける場面は、たとえば、「他人の言動にイラっとしたとき」「他人をずるいと感じたとき」「他人に批判や説教をしたくなったとき」「罪悪感やうしろめたさを感じたとき」など、じつはそんなにめずらしいものでありません。

24

全部自分でやらなくていい

自分がやって意味があることだけに専念する

技術の進化、サービスの多様化で、私たちは自分にとって重要でないことはツールや外注を利用し、自分がやって意味があることだけに専念できるようになっています。
先ほどから紹介している家事代行サービスは、あらゆる家事をこなしてくれます。もちろんお金がかかるものですから、「**自分が苦手・不得意なこと**」「**自分では手が回らないこと**」**に限定して活用してみる**のはいかがでしょうか。

「他人が家に上がることに抵抗がある」という人も少なくありませんが、同じ人が毎回来れば、顔なじみになってママ友のように「距離がある他人だけど、わりとざっくばらんに話せる」間柄になります。「ママ友が家に上がるのはイヤ」という人は多くないでしょうから、単に慣れの問題です。

ほかにも、**地域のファミリーサポートセンターに登録して依頼すれば、便利屋業者に依頼するよりもはるかに安い価格でいろんな作業を代行してもらえます。**

私も、発達障害の長男が児童発達支援施設に通うときの送迎を依頼したことがありますし、ベビーシッターや塾への送迎も依頼できます。

●「料理のつくりおき」は最高に便利

私が利用したことがある家事代行サービスで最高に便利だったもののひとつが、「料理のつくりおき」です。

いま家庭にある食材を使って調理してもらうことはもちろん、好みのメニューを伝えておけば、オプションで買い物もすべて代行してもらうことができます。

私が利用したサービスは、三時間で一三品を家族四人分で一週間分つくってもらえました。料理はすべてタッパーに入れられており、レンジで加熱するだけ。代行料金は九〇〇〇円（食材費は別途）。

仮に毎週依頼しても月三万六〇〇〇円＋食材ですが、平日は買い物も料理の手間からも解放されてこれはラクです。物足りなく感じて自分で一～二品追加でつくったとしても、格段にラクになります。

●「文明の利器」を活用して生活を快適に

わが家では掃除や皿洗いなどキッチン周りの片づけは家事代行に外注していますが、自分でやる人でも、手間と時間を節約するためには前述のように全自動掃除ロボットや全自動食洗器、全自動洗濯乾燥機などを使うでしょう。

時短家電にカテゴライズされる電気圧力釜なども人気で、ごはんを炊くのも煮物をつくるのも、あっという間にできます。

ほかにも、テレビ番組はいちいち録画予約をしなくても、レコーダーがまるごと録画してくれます。家電とインターネットがつながり、遠隔で操作や確認ができ、たとえば家に帰るまでにエアコンを動かして部屋の温度を快適にしておくこともできます。

私もいろいろ時短と手間の削減では工夫しています。

以前、賃貸に住んでいたときは、灯油を買って石油ファンヒーターを使っていましたが、自宅（兼賃貸マンション）を建てるときに床暖房を入れたので、給油作業は不要になりました（ただし水を沸かして循環させるため、年一回程度で水の補充が必要）。

布団や毛布は、天日干しが理想なのはわかっていますが、面倒くさい。そこで布団乾燥機を導入しました。夏は外出中にやれば熱から逃れられるし（布団乾燥機をかけると部屋が暑くなる）、冬は寝る前にタイマーでかけておけば、フカフカで寝られます。

ドライヤーは大風量の機種にしているので、髪があっという間に乾きます。

洗濯機も容量六キログラムから一二キログラムの機種に変更し、洗濯の回数を少なくしました。


エアコンは、夏場はオートモードにして二四時間つけっぱなしにしています。こまめにオンオフするよりも電気代が安いからです。すべての部屋のドアを開け、一台のエアコンで全館空調みたいな使い方をしています。

クルマの運転もずいぶんラクになりました。運転支援システムの進化によって、たとえば高速道路では前方車に自動追従してくれるので、長距離を乗ってもあまり疲れません。完全自動運転はもうしばらく先のことになりそうですが、クルマでの移動はもっとラクになりそうです。

このように**技術の進化は、我慢からますます解放させてくれる**ようになるでしょう。

●買い物に出かけなくても、通販・宅配だけで生活できる

私は「買い物」に出かけてレジに並ぶのが面倒なので、徹底的に通販を利用しています。

リアル店舗での買い物は、生鮮食料品をスーパーに買いに行くぐらいで、ほかの消耗品関連はほぼ通販です。洗剤・柔軟剤などの家庭消耗品はかさばるうえに重いので、玄関まで運んでくれる宅配が便利です。もはやドラッグストアに行くこともありません。

食糧品のなかでも、たとえばレトルト食品などは通販です。レトルト食品は添加物も少なく便利なので、カレー・中華丼・親子丼・麻婆丼・牛丼・パウチごはんをよく利用しています。忙しいときや食材が少ないときに、ササっと子どもの夕食を準備で

きるので重宝しています。
また、これらは防災備蓄を兼ねて大量に保管しており、食べたらその分を買い増すようにして無駄になるのを防いでいます。これで在庫管理の手間から解放されます。まとめ買いすると配送料が無料になるのでコスト削減にもなります。

ほかに便利なのが定期配送です。ペーパー類は防災備蓄を兼ねているので問題ないのですが、子どもの紙おむつとか、場所をとるし、成長に合わせてサイズも変わるので、大量に買うと余る可能性があります。そこで在庫を見ながら調整できて割引率も高い定期配送が便利です。よく使う調味料も定期配送です。これらも消費期限があるので大量保管には向かないからです。

前述した生鮮食料品も、いまはネットスーパーが普及していて当日配送も可能なので、じつは家から一歩も外に出ることなく、あるいはまったくリアル店舗を利用することなく生活できます。もちろん、買い物が好きとかレジャー代わりという人には物足りないかもしれませんが、私のように買い物が面倒な人にとっては、便利な時代になったものです。

25 モノを減らせば時間が増える

モノは持たない、モノを減らす

モノが増えると、時間も手間もかかってしまいます。

たとえば自宅に衣服が多ければ、今日は何を着ていこうかなと迷いますし、衣替えに時間がかかり、クリーニングに出す点数も増えます。

部屋のなかにモノが多ければ、それらにたまったホコリをはたくなど掃除をしなければなりません。使わないモノをただ保管しておくと、ゴミに家賃を払っているようなものです。

デジタルガジェットが増えると、そもそも買うのにお金がかかり、充電したり、取扱説明書を保管したり、カバンに入れて持っていく荷物が増えて重くなったりします。

モノが増えればそれを探す、取り出す、掃除する、片づける、どこに何があるかを管理するという時間と手間も増えます。一日に一〇分、そうした作業が発生するとすれば、年間約六〇時間、三〇年で七五日分の時間が奪われ、その時間を使ってできたはずのことができなくなります。

しかしモノが少なければ、作業の時間と手間が削減されます。たとえば衣料品が少なければ衣替えがラクになるようなものです。

つまり、なるべくモノを持たない、モノを減らすということは、可処分時間を増やすことにもつながるのです。

「使い捨て＝地球環境に優しくない」に根拠はない

雑務を減らすためには、使い捨ても積極的に活用しましょう。というと、「このご時世に地球環境に優しくない」と感じるかもしれませんが、それも「なんとなくもったいない」という気分の問題であり、ポイ捨てはともかく、規定の処理方法に従っている限り「使い捨てが地球環境を汚す」という根拠はありません。

「ゴミが増えれば焼却で二酸化炭素の排出量が増えるだろう」と思うかもしれませんが、二酸化炭素が悪いという明確な根拠もないのです（各種論文も、都合のいいデータが使われている、前提条件に不備があるとか、いろいろな問題が指摘されています）。「二酸化炭素の増加が地球温暖化をもたらしている」という主張もありますが、「なんとなく怪しい」「そう考えられている」という程度で、それが本当に事実なのか、証明はされていません。

逆に、「温暖化は長い長い地球の生命の気候循環の影響にすぎず、今後は寒冷化に向かっていく」という主張もあるくらい、二酸化炭素原因説はあいまいなものです。とくに環境保護問題は利権がからんでいますから（たとえば過激な組織に資金援助している人がいる）、実態は闇のなかです。

ちなみに、プラスチックゴミに占めるレジ袋の割合は二％程度と、プラスチックゴミ全体の量からすればごくわずか。二〇二〇年に始まったレジ袋の有料化をして削減しても、その効果はほとんどないといえます。

また、かつては掘り出した原油からはガソリン、灯油、ジェット燃料くらいしか抽出できず、あとは捨てていた時代がありました。

しかし精製技術が進み、プラスチックや樹脂、ゴムなどさまざまな素材に分離させることができ、無駄な成分がほとんどなく使い切れるようになっています。

そしてレジ袋も昔は捨てていた原油の成分を使ってつくられているので、むしろ資源の有効活用になっているくらいです。

だからレジ袋を減らそうという動きは、有効活用されていた原油のカスを捨てることになり、それがはたして環境のためになるのか疑問です。

それに、ほとんどの家庭ではレジ袋をゴミ袋の代わりとして再利用されていますが、レジ袋がなければ別途ゴミ袋を買わなければなりませんから、本当に削減になるのか、これも疑問です。

一方で、マイバッグは衛生的でないという主張もあり、洗濯すれば洗剤が使われます。さらには万引きや買い物カゴの無断持ち帰りが増えたというニュースがありました。このように考えると、レジ袋有料化という政策は、実効性の低い単なるパフォーマンスのように思えてこないでしょうか。

このように、環境問題には真偽の疑わしいことが多いので、私は環境問題に関しては懐疑的です。もちろんゴミのポイ捨てなどをすることはありませんし、揚げ物料理で使った油をシンクに直接流して捨てることもありませんが、「環境保護のために」という世間の誘導からは距離を置いています。

そういう理由もあり、個人は二酸化炭素の増加などは気にしなくていい、というのが私の考えです（企業はいろいろ義務やステイクホルダーとの関係があるのでそうはいかないですが）。

話を戻すと、家事雑務を手抜きするための使い捨ては、たとえば以下のようなものです。

・洗う手間を省くため、割り箸や紙皿・紙ボウルを使う
・同様に、お皿にラップをかけて料理を並べる、フライパンにアルミホイルを敷いて調理する
・食品の保存はタッパーよりジップロックを使い捨て
・布フキンや布雑巾をやめ、キッチンペーパーで拭き掃除

・フローリング掃除やホコリ除去はホコリ除去シート
・幼児の食事テーブルにはコピー用紙を敷いておく（食べ散らかすため）
・外出時には水筒ではなく500ペットのミネラルウォーター

一〇〇円ショップに行くと、さまざまな消耗品が売られていますから、「あ、これを使い捨てすればラクになりそう」というグッズを探しに行ってみてはいかがでしょうか。

第5章

育児の我慢をやめる

26 子育てをがんばってはいけない

●「子が親に本当にしてほしいことは何か？」を考える

子育てで悩む人、働きながらの子育てで疲弊する人がいます。
そういう人はもしかしたら、「子育てを完璧にしなければならない」と自分で思い込んでしまっているのではないでしょうか。

しかしそのなかには、じつは子どもにとってはどうでもいいことだったり、単に親のエゴ（親切の押し売り）だったりすることもあります。

もし子育てで我慢をしている、それで疲れたと感じるなら、「**親にしかできないことは何か？**」「**子が親に本当にしてほしいことは何か？**」を想像し（あるいは子に直接

尋ね）、そうでないことは「手を抜くか、やめるか」の決断をすることです。

そもそも、子が求めていない（あるいは重要だと思っていない）ことにエネルギーを注ぐのは、子にポジティブな影響を与えない行為ですから、無意味というものでしょう。

もちろんそれは人によって違うと思います。

たとえば私の場合、「寝かしつけ」「歯磨きの仕上げ」「休日はちょっと遠出をしてふだんできない遊びにつきあうこと」「子どもが話しかけてきたら手を止め全集中して話を聞き、会話を楽しむこと」「抱きしめたり抱っこしたりすること」が重要だと考えています。

それ以外のことは手を抜いていいと考えています。だから、子どもの弁当は手づくりにこだわっていません。弁当はほぼ冷凍食品の詰め合わせですし、時間がないときには、コンビニでおにぎりと菓子パンを持たせるときもあります。ましてやキャラ弁などはつくったことがありません。

子どもの学校の時間割の管理も、宿題の有無も、子に任せて私は関与しないので、学校関係で私の時間が取られることはあまりありません。子どものほうから相談してくれば対応しますが、「よけいな先回り」はしないようにしています。

それで先生に叱られても、それは本人の問題だからです。先生から電話がかかってきて注意されることもよくありますが……。

とにかく**子どもの目線・立場になって、「子が親にしてほしいことはどれか？　親でなくても問題ないことはどれか？」を考え、優先順位をつけています。**

親が精神的な余裕を持つことを優先する

とくに幼少期の子どもの発育にとって最も重要なのは、「親が情緒的に安定している」ことです。親の精神状態は子に伝わるため、子の健全な精神は、健全な親の心によってはぐくまれます。

そのためには「親が精神的な余裕を持つこと」です。**親に余裕があれば、子にも余裕を持って愛情を注ぐことができる**からです。

しかしたとえば仕事にも家事にも疲れてイライラしているような親には、子も何かを相談しようとは思えないでしょう。

親が多忙で心の余裕がなければ、子にじっくり向き合うことはできないでしょうし、子もそんな親の不安定さを敏感に感じとり、遠慮したり自身の情緒も不安定になります。すると、自己肯定感が育たず愛着障害を抱えるリスクもあります。

ほかにも夫婦げんかの絶えない家庭では、子は自分の居場所がないと感じ、精神面でも不安定になります。

夫婦で意見が食い違えば子は混乱しますし、「お父さん（お母さん）のようになってはダメ」などと見下すような発言をしていれば、親を尊敬できなくなるでしょう。

あるいは両親が尊重し合わない家庭の子どもは、先生に反抗するなど問題行動を起こすことがあるといわれています。

やはり両親は子の前では仲よくし、夫婦同士で尊重し合っている姿を見せることです。それにもやはり精神的な余裕が必要です。

27 どうすれば子育てを手抜きできるか

商品・サービスを徹底的に活用する

親が多忙で我慢を強いられている状況で、精神的な余裕を持つのは難しいでしょう。だからこそ**手抜きできるところは徹底的に手抜きすることです。**

前章の家事・生活と同じく、子育ても手を抜けるところは抜いてしまう。

たとえば赤ちゃん連れで外出するとき、いまは液体ミルクがありますから、従来のようにお湯の入った魔法瓶と水と粉ミルクを持ち歩く必要がなくなりました。

また、子連れで安心な店舗（授乳室やオムツ交換が可能なベビーベッドがある店）をいろいろ把握しておくと、とても快適に外出できます。

私の場合、自分の子どもが赤ちゃんのころ、動体検知タイプの監視カメラを設置して近所のカフェに行って仕事をしていました。カメラの映像をアプリで確認でき、子どもが寝返りを打ったり泣き出したりすれば検知して通知が来るので、それを見て帰宅するかどうかを判断していました。

あるいは、赤ちゃんの胸に両面テープで哺乳瓶を固定し、ずっと構っていなくてもミルクが飲めるようにもしていました。

新生児のころはオムツ換えがラクなベビーベッド、寝返りを打つようになれば床にバスタオルを敷いて転がすだけ。さすがにハイハイをするようになると、なんでも口に入れて危険なので部屋の掃除には苦労しましたが……。

保育園に預けることに「罪悪感」は必要ない

保育園に預ける時期はいろいろ考えがあると思いますが、私は一歳になる前に保育園に預けるほうがいいと考え、第二子のときは六か月で預けました。

というのも、育児休業を一年ほど取得して職場復帰する人が多いため、一歳児クラスは競争率が高くて保育園に入れないリスクがあるからです。私も長男のときはなかなか入れず待機児童状態が続き大変でした。
しかし、競争率の高くないゼロ歳児クラスであれば入れる可能性が高まり、いったん入れれば、そのあとはエスカレーターで六歳児クラスまで行けます（ただしみなが同じことを考えると競争が激しくなるかもしれませんし、地域によって事情も違うでしょう）。

保育園に預けることに罪悪感を覚える人もいますが、**「三歳までは母親がみたほうがいい」というのは迷信**です。科学的根拠はまったくありません。保育園は保育園で大きなメリットがあります。

保育園では大勢の園児と一緒に過ごすことで社会性が身につきますし、母親と二人きりよりも、豊富な言葉のシャワーを浴びることができます。

絵本の読み聞かせ、運動やリトミックといった知育の時間もあります。栄養士が考えた、親がつくるよりも栄養バランスに優れた給食もあります（子どもの成長にあわせて離乳食のフォローもしてくれます）。

ほかにも、着替えやトイレといった身辺自立の補助をしてもらえます。いろいろなウイルスをもらって熱を出すことも多いですが、それによって免疫力がついてきます。

そして**日中は子どもから離れることで親の心にも余裕が生まれ、夜はたっぷり愛情**

を注ぐことができます。

そんなふうに保育園に行くようになれば、子育てはかなりラクになりますが、保育園の方針次第では面倒なこともあります。

たとえば、私の次男の保育園は非常に神経質で、「穴が開いている服はダメ」「すこしでもオシリにウンチがついていたらダメ」「登園の際は抱っこはダメ、必ず歩かせて」「毛布を忘れてはダメ」「いつもより登園が早いのは事前連絡がないとダメ」「感染リスクがあるので兄弟を連れて来てはダメ」「だからといって兄弟を外で待たせるのは事故の懸念があるのでダメ」などと、こちらのちょっとしたミスやイレギュラーも、重箱の隅をつつくように指摘していました。

保育園にはそれぞれルールやその理由があるのは理解していましたが、私が我慢するのはストレスがたまるので、保護者にあまり文句（要求）を言わないおおらかな保育園に転園しました。

子どもの保育園を転園させてでも手を抜きたいという横着な私ですが、そのおかげで毎日ご機嫌に過ごせます。

28

夫が子育てに協力してくれない

育児にもルールや役割分担の取り決めを

夫が子育てに協力してくれないと悩む女性は多いようで、それで離婚する人もいるほどです。

おそらく協力しない人は「そもそも自分の役割だと思っていない」「子育ては母親がするものであり、父親には関係ない」という無意識の思い込みがあるのだと思います。

私は乳幼児期の子育ては楽しかったですが、たとえば長男と次男の保育園への送迎は、毎日私が担当していました。朝はパパ率二割ぐらいでしたが、夕方のお迎えは一割もいない印象で、ほとんどの家庭はママがやっていたということでしょう。

子どもたちが小学校に上がるときも、入学前の健康診断や入学式当日の説明会もほぼ私が出席したのですが、学年三〇〇人いるなかでパパは一〇人もいないぐらいでした。クラスの懇談会に参加すると、パパは自分ひとりだけでほかは全員ママなのには驚きました（おかげでちょっと浮いていました）。


子どもが熱を出したり、嘔吐・下痢をしたりすると、保育園からお迎えの連絡が来ます。ネットのコラムやＳＮＳなどを見ても、会社を早退してお迎えに行くのはほとんどママのようです。

おそらくパパの「オレは迎えに行けないから」という言い訳を飲み込んでいるのでしょう。しかしママだって「迎えに行けない」のは同じはずですが、家事も育児もママが無理してやっているわけで、それで我慢している人は少なくありません。

ゴリ押ししてパパが不機嫌になるぐらいなら自分でやったほうがマシ、と考えて何も言わないママもいるようです。

私はこうした我慢も**ルールや役割分担の取り決めで解消できる**と考えています。

たとえば保育園への送迎も、「行きはパパ、帰りはママ（あるいはその逆）」とか、保育園からのお迎え要請も「原則として交互にやる（スキップしたら次は連続）」というふうに、負担がなるべく公平になるように決めるのです。そして「約束を破ったらペナルティ」なども、家庭によってはありかもしれません。

育児は収入に関係なく夫婦で協力するもの

もしかしたら、「夫のほうが、収入が高いから強く言えない」という理由があるかもしれませんが、**夫婦の合意で子をもうけたのですから、収入に関係なく協力するのがスジ**でしょう。その際も別に強く言う必要もなく、「役割分担の話し合い」をすればいいだけです。

仮に夫が保育園へのお迎えで早退し欠勤扱い、それで減収となったとしても、「それでもいいから協力してほしい」と伝えてみてはいかがでしょうか。

身体の弱い子や発熱しやすい子ならともかく、一般的には一週間に一回もないぐらいの頻度だと思いますから、減収といっても大勢に影響はないはずです。

「欠勤や早退があると勤務態度で評価が下がる」という不安があるかもしれませんが、

それをくつがえす成果を出せばいいのです。勤務態度など会社にとって一円の利益にもならないのですから。

「休みの日ぐらいゆっくりさせてよ」と夫に言われれば、それは妻も同じ。「その言葉、そっくりそのまま返すけど、何か言い訳できることある？」で終わってしまう話です。「いや、オレのほうが長時間働いてるだろ」と言われれば、「そのおかげで私が長く働けないんですけど。それを言い訳にするなら仕事をもっと効率よくこなして早く切り上げればいいだけのはず。それができないと言うなら知恵が足りないってことじゃない？」と言うのはどうでしょうか。

ケンカになりますかね？

たとえば、土曜日は妻が、日曜日は夫が子どもを見るなどで、それぞれひとり休息できる時間をお互いにつくってあげる歩み寄りや思いやりは必要です。実際、週末に公園に行くとパパと子どもだけの親子が多数いて、おそらくそういうことなのだと思います。

よくある夫の言い訳としては「忙しいからそんな時間はない」かもしれません。

その場合は、「忙しいから時間がないんじゃなくて、時間はつくるものでしょう？あなたの部下や後輩が『時間がないからできません』と仕事を拒否してきたらあなたはなんて返すの？　仕事のやり方を見直したり効率化させたりして時間をつくり出せって言うんじゃない？　それは家事育児でも同じでしょう？　あなたはそんなポンコツ社員が言い訳する程度のレベルの人間なの？」

これもやはりケンカになりますかね？

育児中も仕事の手は抜かずに年収三〇〇〇万円以上

ほかには「オレだっていろいろやってるよ。ほかと比べたらいいパパだろ？」と自分はいいパパだと思い込んでいる人もいます（ママから見たら、全然いろいろじゃなかったりするわけですが……）。

その場合は、私のような人間を例に出してはいかがでしょうか？

私の妻は出産して一か月で仕事復帰したため、ほぼ私が面倒を見ていました。

子どもをベビーカーに乗せて授乳セット（粉ミルク、お湯、水、哺乳瓶）とおむつセット（紙おむつ、おしりふき、ゴミ袋）を持ってカフェに行き、書籍の執筆や取引先との打ち合わせをしていました。

講演のときも「赤ちゃん連れでも大丈夫か」と依頼先に事前確認し、講演中の一～二時間は別室の控室で待機させ、先方のスタッフに見てもらいました。

ただしハイハイをするようになるとおとなしくしてくれないので、一時的にベビーシッターに来てもらっていました。

前述のとおり、保育園の送迎（朝は持ち物を確認しリュックに入れ、帰宅後も連絡帳の確認）、発熱時のお迎え、学校関係の書類の記入、持ち物の名前書き、給食費などの引き落とし口座の開設など、ほぼすべてやってきました。

週末は公園やアスレチック施設などに連れて行き、鬼ごっこなど普通の人ならすぐバテそうな遊びにもつきあっています（週二～三回、ジムに通って筋トレ・ランニングして鍛えているのでスタミナはあります）。

たしかに自営業だからできるという側面はありますが、かといって仕事の手を抜くわけではなく、さすがに夜の時間帯や子連れでは難しい仕事は断っていたので収入は減ったものの、それでも年間三〇〇〇万円以上は稼いでいました。

家事も料理以外はほぼ私の担当で、掃除は家事代行に外注していますが、洗濯や家庭の消耗品の在庫管理・補充、夕食の買い物など、並行して毎日やっています。

家事も育児もこなしお金も稼ぐ、三拍子揃った夫もいるわけです！　自画自賛ですみません。

多くの夫が言う「自分だってよくやっている」というのはただ自己評価がヌルいだけの場合もあり、ほかと比較して現実を直視してもらう必要があるかもしれません。

29 男性が育児に関わるメリット

育児に関わったほうがいい六つの理由

前項を読めばおわかりいただけだかと思いますが、私は男性が育児に関わることにはポジティブ派です。実際に経験してみると、次のような効能を実感しています。

①子をよく観察する習慣ができる
②親に感謝できる
③家事の効率が上がる
④お金儲けのネタになる
⑤他人の子どもに寛容になる

⑥夫婦のキャリアを中断しない

それぞれを一緒に見ていきましょう。

①子をよく観察する習慣ができる

幼児期からずっと一緒にいれば「なぜ泣きやまないのか？」「なぜ不機嫌なのか？」を観察し想像しようとしますし、子の変化に敏感になります。

すると、「こんなことができるようになった」という成長にも気づき、喜びや充足感が増します。これは幸福の要素がひとつ増えたことを意味し、とても大切なことです。この喜びはほかに代えがたいものがあります。

反面、これは憶測ですが、逆に子育てに関わって来なかった人は子の変化に鈍感で、子が学校でいじめにあっていても気がつかないとか、不登校になっても無関心で放置する傾向があるのではないか、と思っています。

②親に感謝できる

自分が子育てをしていると、忘れていたはずの自分の幼少期の記憶がふとよみがえり、「そういえば自分の親はこんなことをしてくれてたなあ」と感謝できるようになります。

たとえば私の父親は、クリスマスには裏山に行ってモミの木を切って来て部屋のなかに置き、飾りつけを一緒にしたのを思い出しました。いま考えてみれば、これは結構面倒な作業です。正月は餅つきをしましたが、臼と杵を用意し、もち米を炊いて準備するなどこれも大変です。

母親は私がやりたいことはなんでもさせてくれ、危険なことでも「ダメ」とは言わず見守ってくれました。これはなかなか忍耐力が必要です。

そんなかすかな記憶が蘇り、自分がそこまでできているだろうか、などと自分の親の偉大さを痛感します。

自分が子育てをするからこそ、無償の愛情を注いで育ててくれた親への感謝の気持ちが大きくなります。

③家事の効率が上がる

時間がないなかで家事育児を両立させようとすると、優先順位をつけ、省略したりスキップしたりする判断を求められます。

たとえば「お金がかかっても家事代行やベビーシッターにお願いしよう」などと、限りある自分たちのリソースをどこに配分するのが最も効率がいいかを考えるようになります。これは家事も育児も自らやるからこその判断で、育児に参加しない人はこうしたことには無頓着でしょう。

こうした効率性への配慮、そしてリソースの適正分配は仕事でも求められることですから、「家事育児ができる人は仕事もできる」と言えなくもないような気がします。実際、私の周りの若い起業家のほとんどは家事育児にも積極的に関わっています。

④お金儲けのネタになる

たとえば女性芸能人に見られるように、美女タレントとしての人気がなくなってきても、子どもができたら「ママタレ」として復活できるようなものです。

これは芸能人特有というわけでもなく、「夫視点での子育てネタ」や「コミックエッセイ」などを発信してお金を稼いでいるブロガーやユーチューバーもいます。

起業家や会社経営者でも、「男性が子育てしている」という情報を発信することで、「仕事と家庭を両立しやすい企業」というイメージアップや、結果として優秀な人材の採用に一役買っています。

私自身も、子育てをしてきたからこそ子育て関連の書籍やコラムを書くことができています。まさに「子をダシにしてお金を稼ぐ」というわけです。

⑤他人の子どもに寛容になる

仮にほかの子が電車や飲食店などで騒いでいても泣いていても、「自分もアレで苦労したよなあ」と微笑ましく見ることができます。

とくに長男は発達障害がありカンシャクが激しく、電車のなかなどでもよく大泣きされてヘトヘトに疲れたこともありましたし、いまでも場所をわきまえずぶつぶつひとり言が多いですから、他人の子のやんちゃはむしろかわいく見えます。


そういえば以前、電車内で知らない「おっさん」にベビーカーを蹴られたことがありましたが、彼はおそらく育児に関与してこなかったのでしょう。

また、子どもの声がうるさいとクレームをつけるとか、保育園の建設に反対するというニュースをたまに目にしますが、私は子どもの騒ぎ声はむしろほっこりしてあたたかい気持ちになります。これもカンシャク持ちの子育てを経験したからこその境地ではないかと思っています。

⑥夫婦のキャリアを中断しない

夫婦のキャリアを中断しないことは、家計のリスクヘッジにつながります。

相互に交代で育児休業が取得できれば、妻も早期に仕事に復帰でき、キャリアの中断をわずかな期間に抑えられます。

もし出産を機に退職すれば再就職にも難航し、生涯賃金は大きく下がるリスクがあります。

たとえば厚生労働省の賃金構造基本統計調査をもとに計算してみると、女性の正社員が稼ぐ生涯賃金は約一・五億円。四〇年で割ると年収約三七〇万円。時給一〇〇〇円のパートで六時間働いても年収一五〇万円。その差二二〇万円×四〇年で八八〇〇万円もの差になります。下手をすれば一億円も生涯賃金が減るかもしれないのです。

やはり一馬力より二馬力のほうが安心ですし、リスクヘッジになるでしょう。

もちろん金銭面に限らず、仕事を継続すれば自分のキャリアや能力を伸ばすチャンスは広がります。

仕事をして社会と関わり、自分の能力を発揮し、キャリア形成していくのは生きがいのひとつでもあります。だから、とくに海外では専業主婦は少なく、男女に関係なく働くのです。

このように、「男性が育児に関わることは、長期的には家庭全体の幸福につながる」というのが私の考えです。

もちろん、考えは人それぞれですから押しつけるつもりはありませんが、とくに「子の成長という喜び」が得られるのはとても幸せなことで、これを実感できないとしたらもったいないなあとは思います。

30 父親には父親の役目がある

母親と父親がお互いにフォローし合う

「子育ては母親の役目だろう」という無意識の固定観念が「自分には関係のないこと」と思い込んでいる夫も少なくありません。

しかし本当にそうであれば、子どもが生まれたあとは父親という存在は不要ということになりますから、父親の存在価値とは何か？　もしかしてＡＴＭ？

私は**母親には母親の役割が、父親には父親の役割がある**と思っています。

それは母親ができないこと、持っていない資質を父親がフォローすることで、子どもの情緒的発達のバランスを取ることです。

たとえば、母親がガミガミと小言を言う性格で、それに父親が無関心だったら？　子どもには逃げ道がなく、傷ついて落ち込むだけになってしまうかもしれません。

母親が過干渉ですべて先回りして準備するような人で、父親が無関心だったら？　子どもは自分の頭で考える機会を奪われ、自分で決められない脆弱《ぜいじゃく》な人間になりかねません。

母親が教育熱心すぎるあまり、お稽古事を詰め込んで、父親が無関心だったら？　子どもはひとり内省する時間を奪われ、情緒が安定しない子になりかねません。

だから**父親は子の様子、母親とのやりとりの様子をよく観察し、必要なフォローをすることが求められます。**

たとえばママがガミガミと叱って子どもが落ち込んだなら、あとで子に「ママはね、あなたを嫌いなわけじゃないんだよ。あなたが大好きだから心配して言ってるだけだから落ち込まなくていいんだよ」と寄り添ってあげる。

ママが「あれはやってはダメ」などと過干渉なら、週末は子と出かけ「自分で好きなものを選んでいいよ」と自分で考え自分で決める機会を増やしてあげる。

ママがお稽古を詰め込むなら、「自分もパパとしてこういう遊びを一緒にしたいから、ちょっとお稽古減らしてくれる？」と相談してみる。

そしてそんなことができるのは、夫でありパパである、あなたしかいないのですから。


思えば私の両親も、封建的で強権的な父親と私の関係が悪くなったときに間を取り持ってくれたのが母親でした。反抗期で父親と一切口をきかない中高時代も、父が気になることがあれば母を通じて私に伝えていました。

自分の思いどおりに子を動かしたい父親でしたが、一方で母親は私がやりたいことはなんでも自由にやらせてくれた。だから私はグレたり自暴自棄になったりすることもなく、適切な自己肯定感や安定した情緒が育ったのだと思います。

やはり**母親には母親の役割があると同時に、父親も役割があるから積極的に関わりフォローし合う必要がある、**と感じます。

●「もっと子育てに向き合っていれば……」と後悔する人も

子どもが中学に上がるころになれば、部活や友達と過ごすことのウエイトが増え、親と一緒に過ごす時間はぐっと減ります。思春期を迎え、親には言えない悩みを抱えたり、反抗期でまったく口を聞いてくれなかったりすることもあります。

それまでの約一二年というのは、すぎて見ればあっという間です。子どものころは毎日新しい刺激が入って来るので時間がゆっくりと感じられますが、そうした刺激に乏しい中年以降は日々が単調で記憶にも残りにくいため、時間が早く感じられます。

だからなのか、子どもが成人してから「もっと子育てに向き合っていればよかった」と後悔する人もいるようです。

私自身、ほんのちょっと前まで赤ちゃんだと思っていた長男は八歳、次男はもう六歳になり、一緒にいられるのもあと数年。たくさん遊んでたくさん話をしたいと思っています。

31 子どもはほっておいてもそれなりに育つ

親の目線だけで安全ラインを引かない

子どもにガミガミと小言を言うのも面倒ではないでしょうか。

わが家では、**子どもがやろうとしていることや、自ら「やりたい」と言ってきたことに対しては、我慢させたり禁止したりすることなく自由にさせる方針**です。

たとえばヨチヨチ歩きなのにすべり台の階段をひとりで上がろうとしたときも、念のため下で支える体勢を取りつつ、自由に上らせました。命や大けがの危険がある場合を除き、危なげに見えることも禁止しすぎないようにしています。

転んだりするのもＯＫ。多少のケガもＯＫ。子どもはそれで学ぶものですし、私自身もそうやっていろんなことを身につけてきたからです。

私は、親の勝手な判断で最初から危ないとか、やめなさいとか決めつけないようにしています。ここから先は危険、ここから先は安全などというふうに、親の目線だけで安全ラインを引くのではなく、**子どもが自ら経験し、そのなかから自分なりの行動原理をつかみ取ってほしいから**です。

また、「いい、悪い」も状況によっては変わることもあるため、親の先入観や固定観念を子どもに押しつけないよう心がけています。

たとえば人を差別するのはよくなくても、区別をすることは必要なことです。しかし差別と区別は時と場合によってはあいまいになります。

また、自分は区別と思っていても、相手からは差別と思われることもあり、親の一方的な見方だけで子の言動をどうこう言えないこともあるでしょう。

他人を突き飛ばしたり、公共の場で騒いだりすればもちろん注意しますが、怒鳴ったりすることはありません。静かに「それはダメだよ」「静かにね」と言って真剣な目で見つめれば、子どもも三歳ぐらいになると「親は本気だ」と悟ってくれるようになったからです。

●タブレット端末も禁止しない理由

多くの親が禁止したくなるであろうタブレット端末も自由にさせています。

長男は動画が好きでほぼ毎日視聴しており、数をかぞえる動画や英語の動画をよく見ています。そのおかげで自然に数を覚え、英単語まで話すようになりました。

次男も長男の様子を見てタブレットを操るようになったのですが、彼は動画よりも知育アプリ（つまるところゲーム）に夢中です。

「スマホやタブレットに子育てをさせるのは手抜きだ」となどと批判されがちですが、親の世代ではNHKの「おかあさんといっしょ」を子どもが見ているときに洗濯などの家事をしていた話も聞きますので、単にツールの違いにすぎないでしょう。

私も子どものころは学校から帰ったらテレビをぼーっと見ていましたが（当然スマホもタブレットも存在しない時代でしたから）、では現代、子どもがスマホで動画をぼーっと見ることの違いがそんなにあるでしょうか。

「脳の発達によくない」「ジョブズも子どもに触らせなかった」という話もありますが、私はそれほど神経質になる必要はないと考えています。

たしかに動画などは完全に受け身で考える必要がないですし、ゲームも決まった動きしかしないですから、やはり自分で本を読むなどしてくれたほうが本音ではうれしい。

しかし**子どもたちも保育園や学校でそれなりにストレスを受けて疲れて帰宅してくるので、自宅ではリラックスタイムが必要**です。

わが家の場合、長男は学童から、次男は保育園から帰宅するのが夕方八時で、就寝が夜九時です。夕食と入浴の時間を除くと、正味わずか二時間が彼らにとって一日のなかで唯一自由に過ごせる時間です。大人でも自分の時間が必要ですから、子どもにも自由時間を確保させたい。

それに「家庭は子どもにとって絶対的な安全基地であるべきだ」と私は考えていて、**ゲームや動画が彼らにとって心や気持ちが安らぐ効果があるのならいいだろう、**と自由にさせています。

ただし、それは子どもたちがまだ小学生だからです。思春期を迎える中高生になってもスマホ漬けというのはさすがに不安があります。なぜならこのぐらいの年齢になると、これまでも複数の著作で述べてきた「内省」が必要かつ重要なのですが、スマホ漬けだとその時間が十分に確保できないからです。

SNSでつねに誰かとつながっているとか、動画に見入っているなど外界からの刺激にさらされ続けると、たとえば自分の経験を振り返ったり、将来は何を目指しそのために何をすべきかを考えたりする内的作業がおろそかになりかねないからです。

とはいえ私自身は電子機器がすべて悪いとは思っておらず、作曲したり絵を描いたり、プログラミングの学習などもできるので、**ネガティブな側面ばかりに焦点を当てて教育の機会を逃すほうがもったいない**と考えています。

たとえば私の長男は「マインクラフト」というゲームをやっていますが、ブラインドタッチのようなスピードでさまざまな素材を使って広大な街をつくっています。旅行などで見た景色も自分なりにデフォルメしマインクラフト上で再現するなど、クリエイティビティを発揮する機会になっています。

さらにこの原稿を書いている現在、子どもたちは昆虫の動画に夢中になっており、その影響で、玄関先で捕まえたカミキリムシを飼っています。

その際「何を食べるのかな？」と聞くので、「自分で調べてみたら？」と答えたら、自らタブレットで音声検索をして「昆虫ゼリーも食べるらしいよ！」と一〇〇円ショップで昆虫ゼリーを買ってきてエサにしています。

そして「昆虫ゼリーをブナやコナラの木に仕掛けたら、カブトムシが捕れるんじゃない？　夏休みになったら行こうよ」などと、知的好奇心も動画がきっかけになっています。

それに大事なのは、たとえば外で遊ばせたいからといって家のなかのマンガを捨てたりテレビを隠したりすることではなく、つきあい方であるはずです。

ゲームやインターネットも同じく、ただ何も考えず親が勝手に遠ざけるのではなく、それもテクノロジーのひとつとしてうまく教育に取り入れられるよう工夫するのが親の役目だと思っています。

とはいえおもしろいのが、二人とも一時間ほどすると飽きてしまうようで、タブレットを閉じてほかの遊びを始めたり、外に行きたがったりします。

幼児であっても、遊びの種類を変えてなんらかのバランスを取ろうという本能が働いているのかもしれません。

●食べ物の好き嫌いもOK

ほかにもわが家では、食べ物の好き嫌いもOKです。

食事の時間は家族団らんの場であり、楽しい時間にしたいと思っています。それなのに、**嫌いなものを無理やり食べさせれば、苦痛の時間になりかねない**からです。

「それでは栄養が偏る」という不安があるかもしれませんが、仮にピーマンが嫌いでも、ピーマンに含まれている栄養素をほかの食材で代替できればいいだけのこと。

それに保育園や小学校での給食は完食しておかわりもしているようですし、給食は栄養士が考えたバランスのいいメニューになっているでしょうから、家では本人が「食べたい」というものを食べさせ、「いらない、おいしくない」というものは残してもよしとしています。

好きなものをおいしくいただくことは、人間が生きるなかでの大いなる楽しみのひとつだからです。

「それでは食べ物を粗末にする子になる」「偏食になる」などという心配は不要だと思っています。子どもの食事は基本的には親のエゴで選び、親の目分量でよそったにすぎないからです。うちでも、本人が自分で選び自分で分量を決めるようになれば、普通に完食するものです。「このくらいでいい？」と聞くと「もうちょっとください」と答えてくるなど、子どもが自分で調整して完食しています。

とはいえ子どもの味覚は単純ですし、いろいろな食べ物があることを知らないので、「これ食べてみたら？」などとすすめ、食わず嫌いにならないようにはしています。

ここで私が紹介したことをそのまま実践するかはさておき、一度ご自身の育児方針について考えてみると、それぞれの家庭や子どもにあった接し方が見つかるでしょう。

32

親は先回りしなくていい

●「このために」は子のためにならない

子どもには失敗させたくない。しかし子どもの判断や行動は幼く、親はもどかしく感じます。かといって「こうしなさい」「あなたのためよ」などと言いたいことがあるのをぐっと飲み込む忍耐も必要です。

そこで発想を転換し、『この子のために』は子のためにならない」という認識を持つことで、言いたいことを我慢するという感覚が和らぎます。

親が子のためをと思ってあれこれ先回りしてレールを敷くのは、親自身が手間になるのと同時に、子のためにもなりません。

親は情報提供や機会の提供をする程度にとどめ、指示や命令は子にとってマイナスだと意識することです。

無数に枝分かれしていく人生ゲームを切り開いていくためには、適切な判断力、重要な局面で意思決定できる決断力が必要です。

とくに実社会や人生の岐路では、正解がない場面、先行きが読めない場面のほうが圧倒的に多いものです。それに、時間が足りないこともあれば、判断材料に乏しいこともあります。それでも自らの価値判断基準に照らし、その時々で合理的だと思える決断、選択をしていかなければなりません。

「自らの価値判断基準」とは、「自分や自分が大切にしている人が幸福になる」ということですが、自分にとって価値があるとはいったいどういうことか、まずはそれを育まなければ決断はできません。

同時に、「自分に価値があることと他人にとって価値があることは違う」ことを自覚しておかなければ、他人の動きを見てから決めるとか、他人の判断に流されてしまうことにもなりかねないわけです。

しかしそうした判断軸を培《つちか》うためには、実際の判断とそれを検証する経験の積み重ねが必要で、それには長い時間を要します。

そのため、子には**幼少期から「自分で決める」習慣が必要**ことです。

たとえばレストランに行ってメニューを選ぶ、自分が着る洋服、使う文房具、習い事などもすべて、子に選ばせる。「なんでもいい」は禁句にし、つねに自分の意志を表明する習慣を持たせる。

「これにしておきなさい」「それはやめておきなさい」などと先回りをして子の代わりに選んでしまう親がいますが、これは子が自分で判断する機会を奪うよけいな行為。子の判断が稚拙であっても、子の意志を尊重し、子に決めさせることです。

二~三歳児でも自分の意志を持っています。そこでたとえば「リンゴジュースとオレンジジュースのどちらがいい?」などと選択肢を絞ってあげることで決める力は養えます。

よほど甚大な被害になりかねない判断でなければ、子どものことは子に任せ、子が

相談してこない限り、親は静かに見守るぐらいでちょうどいいのです。

子には命令ではなく質問で

親が子育ての我慢を減らすには、親があれこれ言わなくても、子が自分で考え自分で判断し自分で行動できるようになることです。

そしてそのためには、「自分で考える」「自分から動く」という経験を積まなければ、そんな人間にはならないというのは誰でもわかる話です。

にもかかわらず、親が「あれをやりなさい」「これをやりなさい」と指示や命令をしたり、「それは違う、なんでちゃんとやらないんだ」などと自分のやり方を押しつけたりすれば、自分で考えるようにはならないでしょう。

また、熱心な指導もじつは逆効果だったりします。なぜなら、懇切丁寧に教えたら、自分で考える必要がないために考える習慣が身につかないからです。

指示や命令をしたり、頭ごなしに叱ったりすれば、子は自ら考え進んではやらなくなる。そして、「どうせ何を言っても無駄」となり、思考停止人間、指示待ち人間の出来上がりです。

また、子に何かを教えることもよくあると思いますが、親は教えたことを覚えていますが、教わった子の側は覚えていないことが多いもの。教えることは能動的な行為であるのに対し、逆に教わることは受け身だからです。

そのため、親は教えたことは覚えているから「ちゃんと教えたじゃないか！」「何度同じことを言わせるんだ！」などとイライラしてしまう。

そこで、**質問（コーチング）形式で考えさせる**という方法があります。

何か指示を与えるときは、たとえば「なんでこのようにするか、その理由がわかる？」とか「なぜそう思ったの？」と聞いてみましょう。もしそれで「わからない」という答えが返ってきたら、「あなたならどうする？」と意見を促す。

そしてその方法が間違えていたとしても否定するのではなく、「なるほど、それはおもしろいかもね。でもこんな可能性はない？」、あるいは「こんな問題が起こったらどう対応する？」「ではそれを防ぐにどういう準備が必要かな？」と、事前に失敗する可能性についてシミュレーションしてもらう。

そしてもし失敗しても叱責するのではなく、「原因はなんだと思う？」と原因を考えさせる。その回答がピント外れだったら、「なんでそう思ったの？」と掘り下げる。

何かを手伝ってもらうときも、いきなり手順をアドバイスするより、「どうしたらいいんだろうね？　アイデアない？」などと考えてもらいましょう。

もちろん、最初は正解にたどり着かないこともある。そこで、「こういう方法もあるんじゃない？」などと、子が知らない情報を加味して質問する。

何かを説明するときも、「あとで理解度を質問するからそのつもりでね」とか、「あとで質問を受けつけるから、最低二つは質問事項を考えておいてね」と言えば、注意して聞いてくれます。

もし家事手伝いをつまらなそうにしていたら、「この仕事を弟（妹）に任せるとしたら、あなたならどんなコツを伝授する？」と質問すれば、その仕事を振り返り、効率的にこなそうと意識するかもしれない。

あるいはもし手抜きしてるなと感じたら、「これがあなたの本気？　もし全力でないとしたら、あなたはそんな自分を許せる？」「あなたにとって一番いいやり方は何？」などと振り返って考えてもらう。

そうやって質問を繰り返すことによって考えさせる、仮説を立てさせる、脳内シミュレーションをさせる。すると、ここに指示や命令は不要なことがわかります。

親の指示どおりに子を動かしたほうが、たしかに手間も時間も省けて親はラクでしょう。

しかしつねに親が指示命令するだけでは、子は自分で決断する経験ができず考えなくなるだけです。子の成長を考えると、時間はかかるけれども考えるように仕向けること。失敗しても親は叱らずどっしり受け止めてあげること。そういう「待つ」という度量が、親には必要です。

33 子育てで親が叱ってもほぼ無駄

●叱ったあとの「イライラ」「自己嫌悪」をなくす方法

子どもを叱ってはイライラする、自己嫌悪に陥るという人がいます。

そこでこの際、**叱るのをあきらめることをおすすめ**します。**よほどのことがない限り、スルーする**のです。そのほうが親も子も機嫌よく過ごせます。


成功者の幼少期を調べていると、いくつかの共通点が出てきますが、そのひとつに「親から叱られたことがあまりない」があります。

「もっと物を大切にしろ」「おまえはなんで時間にルーズなんだ」「約束を守れない人間は最低だぞ」……。

大人でも上司からの説教がイヤなように、子も親からの説教はイヤなのです。

そして親が説教しているとき、子はたいてい「はいはい、わかりましたよ……」と頭の中でスルーしているか、「ったく、うるさいな～」とアカンベーしているか、「ひえ～こわいよ～」と委縮しているか、のどれかで、内容はまったく頭の中には入っていません。

つまり、**説教にはほとんど意味がない**ということです。

それに親から強く叱られれば、子は親の顔色をうかがうようになったり、委縮したり、自由な発想や行動の制限になることがあります。

とくに、日常的に叱られてストレスを受け続けると、脳の海馬が委縮したり変形したりすると言われています。

ストレスによって分泌されるホルモンが、脳の神経生成を抑制するからと考えられているのですが、これはこれで恐ろしいことです。

それこそ「聞き分けのよい子」というのはとくに危険で、親のほうだけを見て親に気に入られるように自分を抑圧している、あるいは親のいいなりになっている可能性があります。つまり、子どもを「我慢」させているわけです。

●MITのいたずら伝説

では、成功者たちはまったく叱られたことがないかというとそうではなく、ウソをついたり家族の約束を守らなかったりしたときには叱られたそうですが、それも「説明された」「諭された」「理由を求められた」「今後はどうすべきなのか、考えさせられた」という程度のようです。

しかもおもしろいのが、「いたずらをしても叱られなかった」という人が多いことです。いたずらは好奇心の発露でもありますから、度がすぎなければ親もおおらかに見ていたということでしょう。

実際、ＭＩＴ（マサチューセッツ工科大学）の有名ないたずら伝説があります。

あるとき一五階建てのビルほどの高さがある大ホールの丸屋根に、パトカーが置かれていたことがあったそうです。パトカーは張りぼてだったそうですが、「出入口は施錠され、警備員もいるのに、どうやって入り込み警備員の目をかいくぐって、てっぺんまで運んで設置し逃げたのか。これには、相当緻密な計画と実行力といったクリエイティビティが必要だ」と称されているそうです。

世界の名門ＭＩＴの学生がそういうことをやる、教授陣もそれを認めて許容する。名門校とはガリ勉校ではなく、それがいたずらであっても創造性を称賛する校風ゆえに名門であるということが、このエピソードからもわかります。

●しつけとは導くことである

近年、「叱らない子育て」が人気のようですが、たとえば公共の場で騒いでいても注意しないなど「しつけも放棄する」と勘違いしている親もいるようです。

叱らない子育てとは、親がカッとなって怒鳴ったり、親の不満やイライラを子どもにぶつけたりするのはやめようということであり、子どものいいなりになったり、子どもが何をしても許してしまうようなことではありません。

とくに社会生活を送るうえで必要なマナーやルールを教えることは親の大切な役割ですし、自分の身の周りのことは自分でできるように身辺自立を促すことも必要です。

あるいは、人を差別したりいじめたりしないなど、適切な道徳観や倫理観の確立も、子どもの成長度合いに応じて親が支援する必要がある場面も出てくるでしょう。

「しつけとは導くこと」という表現を聞いたことがあります。この発想を持てば子を叱る必要はなく、**「言い聞かせる」「理由を問いかける」「自ら気づくように促す」ことが大切**であるとわかります。

また、勉強や進路について親から何か言われた成功者もほとんどおらず、学習分野こそ親が叱る場面はほぼありません。

親が叱れば子はやる気をなくすだけで、効果があるどころかむしろマイナスなので、だったら何も言わないほうがマシというものです。

ではなぜ「勉強しなさい」「なんでこんなに成績悪いの」などという親がいるかというと、それは単に親の不安やイライラを子にぶつけて溜飲《りゅういん》を下げているだけだからです。つまり精神的に成熟していない親のセリフなのです。

34 親は子の「没頭」を全力で応援する

未知の問題を解決する力

自分の子が、社会に出て未知の問題や状況に直面したときに、それまで本人が学んできた知識やスキルをフル動員して統合・応用し、いままで使ったことのない方法を編み出して解決することが求められます。

なぜなら、**子どもが成人するころには世の中がどうなっていて、どんなスキルや知識が要求されるようになるかは、誰にもわからない**からです。

しかし、そんな状況でも問題を解決し価値を創造できる知的基盤があれば、どのような時代環境が来たとしても力強く生きていくことができます。

その際、**「何を」勉強してきたかよりも、「どう」学んできたかが試されます。**

もちろん、知識やスキルは問題解決の助けにはなりますが、環境が変われば陳腐化することもあるでしょう。それに、知識は必要に応じて適宜獲得できます。

にもかかわらず知識詰込み一辺倒の学び方、テストで正答を出すだけの学び方しかしてこなかったら、得てきた知識やスキルを統合・応用し、未知の問題を解決する力は養われないでしょう。

ガリ勉させて得た進学実績など人生全体で考えればほとんど価値はなく、ガリ勉しなくても合格するような根本的な能力の獲得のほうが重要です。

ここでいうガリ勉とは、知識詰め込み一辺倒の学び方のことで、何も考えずただ覚えればいいというやり方です。

一方、根源的な能力の獲得とは、「なぜそうなったのか」「どうすればこうなるのか」などといった、本質的な理解や理由の探求のことです。

たとえば数学でも、ただ公式を丸暗記してそれに当てはめればいいというやり方ではなく、その公式そのものがどう成り立ち完成したのか、根本の理論から理解する。

すると、この場面でなぜこの公式を使うべきか、といったことがわかる。

るでしょう。

しかし丸暗記では、問題や問い方が変われば応用が利かないということも起こりうるでしょう。

地理でも、たとえば「○○県はリンゴの生産量が日本一」という事実だけを暗記するのではなく、「なぜリンゴの生産が盛んなのか、それは気候や土壌か、誰かが持ち込んで生産が推奨されたという歴史があるのか」などといった背景を理解しようとする。このような学習のやり方で求められるのは「地理」に限定された科目ではなく、歴史や理科といった分野を超える学習能力です。

そうやって深く考え、複雑な文脈を理解し、知識を横断的に統合する思考力があれば、自ら勉強法を編み出し戦略を練って勉強できるようになります。

海外の名門小中高の授業の進め方を調べてみると、自由に発想し、知的好奇心を持って課題を発見し、クリエイティブな方法で探求・解決し、それを実社会で表現・実現する経験を積ませています。そのため、大学でのプロジェクトがそのまま事業として立ち上がることがよくあるのです。

つまり人がもともと持っているイノベーティブでクリエイティブな能力を引き出すには、ひとつのテーマに対し、文系とか理系とか関係なく、分野横断的なアプローチで取り組む経験が必要です。

にもかかわらず、日本の公教育ではこのような姿勢は否定されます。

だからこそ、**仮に周囲が反対しても、親は子が情熱を持って追いかけることを奨励し、子の探求心を応援する存在であり続ける**ことです。

親の最も重要な役割のひとつは、**子が夢中になれるものを見つけ、それに没頭することを応援する**ことです。

楽しいことを追求すると、達成の喜び、その喜びを得るため「必要だからやる」と自分の動機づけを自分でできるようになるからです。

得意を伸ばすと上達のコツがわかる

また、**子どもが何かにのめり込んでいるときは、脳が最大限に活性化しているときなので、それを中断させてはいけません。**

これは脳科学的にも合理性があります。脳には「汎化《はんか》」という特徴があり、これは

「何かひとつの能力が伸びると、それとは直接関係しないほかの部分の能力も伸びる」というものです。

何かひとつの分野に集中して取り組んでいると、脳内ではそれに関連する神経細胞のネットワークが強化され、それにつられてほかのいろいろな部分のネットワークも発達し、このような現象が起こると言われています。

そのため、何か得意なことがあるというのは、脳全体の機能を向上させることにつながるのです。

これは勉強でも同じく、苦手科目を伸ばすことより得意科目を伸ばしたほうが、勉強が楽しくなるとともに上達のコツもわかってくるので、全体の底上げにつながります。

だから子が**夢中になれることは何なのか、幼少時代からいろいろなことを経験させて探ることが必要**です。

そして**子どもがドはまりしたら、親はそれを「期待せず応援する」**ことです。

「期待せず」は結構重要で、親が過度に期待すれば、子は親の期待に応えようと努力しますが、親の顔色ばかり見て、結果だけに意識が向かってしまいます。また、興味を失っても親のために続けなければならないという義務感になってしまいかねないからです。

応援するとは、子がやりたいことができる環境を整備することです。といっても、たとえば「道具を買ってあげる」「大会があれば遠征費用を出す」というようなことで、子がよけいな心配や不安を抱くことなく没頭できるようにすることです。

そして親があまり必死にならないこと。たしかにプロスポーツ選手などには親が幼少期から強く関与して大成する天才もいますが、あれは例外です。親は手を抜き、子に任せておけばいいのです。

第6章

教育の我慢をやめる

35 無理に中学受験しなくていい

● 中学受験の多くは親主導で進む

「子どものために私立中高一貫校を受けさせたい」

「子どもにはなんとしても難関有名大学に行ってもらいたい」

「自分が英語ができなくて苦労したから、子どもには早くから英語を学ばせないと」

「日本の教育を受けても世界では通用しないから、海外に留学させようか」

「なのにウチの子どもはまったく勉強しない」

と悩む親がいます。


前章で述べたとおり、私の考えは、「そんな心配は忘れて、子どもが何かで没頭できることを探すのを手伝い、それが見つかったら親は興味がないふりして徹底的に応援しましょう」というものです。

だから**わが家では「中学受験しなきゃ」などという発想を捨てて、子の進路は子に任せる**ことにしています。

実際、中学受験は教育費以外の親の負担も大きく、たとえば親が塾まで送迎したり、受験までのスケジュール管理をしたり、夜食をつくったり、直前の追い込みで気をつかったり、それなりに大変です。

親が情報を提供し、文化祭などを体験させるなどのサポートをしたとしても、本人が受験したいなら応援すればいいけれど、子に強制するのはナンセンス。勉強も本人がやるものなので、親は口出ししないで手抜きをすることです。

それに高校受験にも意味があります。

中学受験の多くは親主導で進み、大学受験は子主導で進むでしょう。その中間が高校受験で、高校受験を経験することは、自立への第一歩になるという効能があります。

また、中高一貫校の多くは、高校二年生までにすべての学習範囲の履修を終え、三年生の一年間は受験勉強に専念できるので、難関大学進学に有利とよくいわれます。一方で、「内部進学組より高校入学組のほうが高三になってからの追い上げがすごい」という実態があるとも指摘されます。

親子でも「幸せの形」は同じとは限らない

そもそもなぜ親は子どもの教育で悩むのでしょうか。

いい学校に行きいい教育を受ければ、有名大学に受かる。有名大学に行ければ、いい会社へ就職できる。いい会社に就職できれば、子どもは幸せになれる（はず）。という発想があるからでしょう。

もちろん、最後の「子どもの幸せのため」という親の思いはそのとおりであり、否定されるものではない。しかし、「子どもが幸せになる」のプロセスがなぜ「有名難関校、あるいは海外の大学に進学すること」なのかと、どこか飛躍感があります。

また、**親が感じる「幸せの形」と子が感じる「幸せの形」は、必ずしも同じではな**

いでしょう。たとえば親は大勢の仲間に囲まれてワイワイ過ごすのが幸せだったとしても、子はひとり静かに読書をして過ごすことが幸せかもしれない。

そもそも「幸せ」とは何か。ありていにいうと、「充実感を覚える仕事」に就いて、「そこそこの収入」を得られ、「いい配偶者（パートナー）に恵まれ、安定した家庭を築く」ということかもしれません。

しかしそれが、「進学」という一本足打法でかなえられるのかどうかというと、怪しくないでしょうか。

というのも、本人が充足感を覚える仕事が親と同じとは限らないし、実際に子どもが働いてみなければわかりません。

「いい会社」も、親が考える「いい会社」と、子が考える「いい会社」が同じとは限らない。親世代は大企業を志向しても、子はベンチャーを志向するかもしれない。あるいは起業するかもしれない。

収入は多いに越したことはありませんが、社会に出れば自ら課題を発見し、正解はなくても仮説を立てて行動する人のほうが重宝されますから、問いが与えられて正答すればよい受験テクニックはまず通用しません。

ほかにもパートナーとつきあい結婚し、円満な家庭を築くには、学業以前の「思いやり」とか「相手を尊重する姿勢」といった人間力が欠かせませんが、もちろんこれらは難関校かどうかはあまり関係ない。

むしろ多種多様な人が集まる公立校のほうが、対人関係能力が磨かれることだってあるかもしれません。

そもそも社会で生き抜くための力のほとんどは、学校で教わることはないのです。先生はほぼ全員公務員（私立校の先生も公務員みたいなもの）ですから、そういう力を教えることもできないでしょう。

なのでまずはそういう「教育万能説」「難関大学に行けばなんとかなる」という発想を親が捨てる必要があります。

子に必要なのは「自分で決めた」という納得感

とはいえ、小学生に「進学についてどう思うか？」を聞いても「わからない」と答えるかもしれませんし、高校生に「自分の幸せとはどういう状態か？」と聞いてもわからないでしょうから、ある意味直感で選ぶことになります。

しかし、それでいいのです。子にとって重要なのは、**本人の「自己決定感覚」であり、「自分で選んだ道だ」という腹落ち**です。

親が遊びやゲームを我慢させて強引に勉強させても、子はなぜ勉強しないといけないのか、そこに目的も必要性も見えないですから、親の言うとおりにやったけどうまくいかなかった、あるいは疲れてしまったということになり、結局脱落する、という子は少なくありません。

たとえば合格だけを目指して必死に受験勉強してきて、ついに合格した。でも合格することが目的だったから、それを果たしてしまえばもう満足。その先のことなんてそもそも考えたこともなかったから、自分は本当は何をしたいのかがわからなくなり、バイトに明け暮れるとか引きこもるというケースもある。

親のために、あるいは親の喜ぶ顔が見たくて親がすすめる私立中学受験をがんばってきたけど、そこに「自分はどうしたいか」がなかったから、進学しても勉強疲れでモチベーションが下がり、むしろ成績が下がり、授業についていけなくなって不登校となり、結局は地元の公立中学に転校、という子もいます。

だから**子の選択権を奪い親が先回りして決めることは、子が自分で「どこに進学したいのか、それはなぜか」と自分で自分の将来を考える力を奪ってしまう。**

そこで最初の悩みに戻ります。

「中高一貫校がいい」というのはなぜでしょうか。「なんとなくよさそうだ」という感覚だったり、「有名大学への進学率が高い」という受験を意識した選択ではないでしょうか。

たしかに受験勉強を通じて成長する子もいますから、向いている子もいる。かといって小学生の段階ではどの学校がいいかは判断できませんから、**まずは子に判断材料を与える**ことです。

たとえば学校説明会、体験入学、文化祭などのイベントに子と一緒に参加し、本人が「ここに行きたい」「そのために受験勉強する」と思えるかどうか。

あるいは「友達が受験するから」でもなんでもいいのですが、**本人が「やる」と決断するかどうか、そこに本人自身による動機を持てるかどうかがカギ**です。

学習塾の先生に聞いたのですが、中学受験がうまくいくのは、自分で目標設定でき勉強の必要性が理解できる、比較的早熟な子どもだそうです。

そして親は成績に一喜一憂せず、温かく見守る。親の焦りは子にとって精神的なプレッシャーになるからです。親が成績や合否にこだわると、受験の失敗＝挫折感となって次のステージへの足かせとなることがあるからです。

自ら「あの中学校に行きたい」という動機があるなら、仮にそこに受からなくても、受験を通じて子は間違いなく成長します。

これは高校や大学でも同じく、親の希望を押しつけられての進学は自分の意志ではないため、「自分はこれがやりたいからここにいる」という納得感がありません。

そのため、自分の将来の方向性が見いだせず、ゆえに勉強の意義が感じられず、挫折しやすいという爆弾を抱えることになります。

だから先ほどの「子どもにはなんとしても難関有名大学に行ってもらいたい」というのは子にとってはよけいなお世話なのです。

高校生にもなれば、自分の進路は悩んだり迷ったりしながらも自分で決めるもの。逆に高校生で自分の進路も決められないようでは、「思考力が備わっていない」ということであり、勉学よりももっと根本的な部分の未成熟さに危機感を持たなければならないほどです。

36 子の学費のための我慢を捨てる

「大学に行かせないといけない」という呪い

子どもの教育費のために、生活を切り詰めて我慢しているという人も少なくないと思います。

そもそも現代の**親の「子には大学までは行かせないといけない」という考えはある種の「呪い」**だと感じます。

現実には「大学に行けばなんとかなる」ということはなく、なんともならないことのほうが増えているのですから、過剰に大学進学に執着する必要はないと思います。

仮に高卒で就職したとして、でもやはり高卒は不利だと本人が痛感しているとか、社会に出て自分に足りないものがわかり、「これを真剣に学びたい」と問題意識が高まってから大学に入り直すほうが教育的な意義があるし、本人がお金を貯めて（あるいは本人名義の教育ローンで）入学するなら、親の負担も減るでしょう。

大卒の肩書を望むなら安価な通信制大学だってあります。

それなのに、この呪いにがんじがらめになって将来を不安視する人が多い印象です。

これから少子化がますます進行し、一部の上位難関校を除きこれから大学全入時代を迎えます。すると「大卒」の価値はこれからも保てるのか、進学で本当に本人の価値や技量が高まるのかというと、きわめて疑問です。

一流校や差別化された特色ある教育を提供している大学ならともかく、たとえばFラン大やBF（ボーダーフリー）校にまで親が学費を工面し、あるいは奨学金を借りて進学するのは無駄の極致だと私は考えています（そういう人を否定するわけではなく、私が無駄だと考えているだけです）。

学校の勉強が苦手なら別の分野で能力を磨く

そもそも本当に学業に積極的で優秀なら、返済不要の給付型奨学金の獲得を目指すという選択肢もあります。

それもできず三流校にしか受からないのは、学業に対して本人のやる気や適性がないからです。**学校の勉強が得意でなければ、別の分野で自分の能力を磨いて発揮したほうがよい**のではないでしょうか。

この世には学問や学歴が関係ない職業はたくさんあります。

たとえば、**起業に学歴は関係ありません。**また、漫画家・作家・作曲家の学歴を気にして作品を買うかどうか迷うなんて人もいないでしょう。

「いやいや、一般企業に就職するには大卒と高卒では壁があるからFランでもBFでもとりあえず大学は行っておいたほうがいい」という考えもあるかもしれません。

しかし、**いったん社会に出てしまえばあとは実力勝負**です。

新卒時は大企業や一流企業に入れず中小零細企業に就職するしかなかったとしても、

実力をつければ中途で一流企業に転職できるなど、いくらでも挽回できます（もちろん逆もしかりで、一流大卒でも仕事ができなければ落ちこぼれます）。

新卒でどこにも就職できずフリーター、最初に勤めた会計事務所も一年でクビになったというド底辺の私でも、難関の外資戦略コンサルに勤めるぐらいになれたのですから。

もちろんこれは私の生存者バイアスだとわかっていますが、当時はほかにも外資コンサルに三社も内定が出たため、社会に出てそれなりに鍛えられたのではないかと思います。

たしかに高卒と大卒とで職種や給与水準、昇進条件などを明確に区別している企業もありますが、そうではない実力主義の会社を選べば関係なくなります。たとえばベンチャーはほぼ実力主義ですし、営業職なども成績に比例するでしょう。

逆にどんなに有名一流大を出ていても、たとえば大手金融機関で営業に配属されて成績が出せずにウツになって辞めた、という話も聞きますから、**仕事は高卒か大卒かという学歴の問題より、能力と適性が大きく影響する**ように思います。

そう考えれば、研究者や教育者を目指すとか、職業選択に直結する医歯薬系や一部の理工系、美大芸大、特定業種業界への就職に強いとか資格取得に強いなどといった特色がある大学を目指すならともかく、そうでない人が大学進学にこだわる合理的な理由は、とくに自分の子が社会に出るころにはなくなっていくといっても過言ではない。いや、もはやないかもしれません。

だからいまの親世代の大学信仰の強さは「呪い」だよなあと感じるわけです。

進路はたくさんある

大学ではなく専門学校に進んで、より専門的な技術・技能を学ぶ道もあるでしょう。

専門学校はたいてい二年でトータルの学費は四年制大学より安い学校も多く、しかも奨学金制度も充実しているところが多いですから、経済的に厳しい家庭で本人も職業選択ができるならばこういう道もあります。

私が勤めていた会計事務所には、大学ではなく専門学校で会計士や税理士になった人もいました（士業は資格が前面に出るので学歴はかすむ）。

私の知人で自動車整備工場を経営している人も、車が好きで専門学校に行き、整備士の資格を取って修行して独立し成功しています（自動車整備士は人手不足が懸念されている職種でもあるので結構有望かも？）。

ほかにも料理、観光、コンピュータ、デザイン、芸術工芸、理美容、福祉など、**学歴よりも「腕前」や「センス」、「人間的魅力」がモノをいう仕事を選ぶ道もあります。**

いずれにしても大学がすべてではないし、大学に行けば万事解決でもないし、大学を出れば幸福になれるなどと最初から決まっているわけではない。だから大学進学至上主義的な昨今の風潮に違和感があるのです。

大学進学は数ある進路の選択肢のひとつにすぎず、それが「絶対解」ではないのです。親も子も、もっと視野を広げればこの「呪い」から抜け出せ、学費を貯めるために我慢することも減るのではないでしょうか。

37

高校を出たら家を追い出す

「経済的自立」と「精神的自立」を実現する

わが家では、子どもが高校を卒業したら家から追い出し自立させる予定です。一八歳にもなれば、自分の生き方は自分の力で選んでほしいからです。

この「**自立**」**には**「**経済的自立**」**と**「**精神的自立**」**の二つの意味があります。**

ひとつめの「経済的自立」については、自分の生活は自分が稼いだお金で成り立たせることで、生活力が身につきます。

もちろん大学に進学すれば学費ぐらいは親が援助してもいいですが、そのほかの生活費は自分で稼がせるつもりです。

学生は勉強が本分とはいえ、社会に出ても働きながら自己研鑽しなければなりませんから、学生時代から仕事と勉強を両立させればいいと考えています。手段はアルバイトもいいですが、なるべく起業をすすめたい。

もうひとつの「精神的自立」については、実家を出ることで、親の庇護《ひご》のもとから離れ、親の価値観から離れ、自分の価値判断基準を持って人生を開拓することになります。

いつまでも親に頼っていてはいけない。親の時代環境とは違うのだから、親の価値観の影響を受けすぎてもいけない。

だから早々に親元を離れ、**自分にとって何が重要で、何に取り組む価値があるかないか、自分の人生をどう展開させたいか、本人自身で決められるようになってほしい。**

こう考えるのは私自身の経験によるものです。

私も大学進学と同時に岡山の実家を出て東京に来てひとり暮らしを始めました。父親の反対を押し切って大学に進んだため、仕送りなどはなく、学費も旧日本育英会の奨学金で賄いました（卒業後一五年かけて完済）。

当然、家賃も含めて生活費は自分で稼がなければなりませんから、ほぼ毎日アルバイトをしていました。

これは両親も意図しなかった偶然ではありますが、おかげで私を自立させてくれたため、いい経験だったと自分では捉えています。だから自分の子どもたちにもそうさせたい、という考えです。

親は子より自分の人生を大切にしたほうがいい

子が高校を卒業したら家から追い出し自立させるもうひとつの理由は、親には親の人生があり、親自身の生き方を大切にしたいからです。

親と子は血がつながってはいますが、まったく別の人間です。だから子が独立したら、親は子の生き方に干渉せず、親は親なりに充実した人生を送ればいいというのが私の考えです。

もちろん、子が相談してくれれば助言しますし、たとえば離職や事業が失敗したなどで一時的に避難してくる分には構いません。

しかしそれらも含めて基本的には自己責任であり、私は子が社会に出たあとは経済的な支援は一切しないつもりです。

一八歳で成人すれば、自分の生き方に責任を持つ。だから一八歳までにそういう人間に育てられれば、とりあえず私の子育ては終了だというイメージです。

38 介護の手抜き――親の介護はプロに任せるべき理由

「親の面倒」は家族が見るべきか？

いろいろなことを我慢して、親の介護をしている人も少なくないでしょう。

私は、**親が要介護状態になったら、介護施設に入ってもらい、プロにケアを任せるつもり**です。

前述のとおり、**子には子の人生があり、親には親の人生があるわけで、介護のために子が我慢を重ねて人生が狂うのは本末転倒**だと考えているからです。

これは「血も涙もない」「親不孝」ということではなく、子は子で安定した生活を送り、親もプロの医療介護スタッフに囲まれ設備もしっかりした環境にいるほうが、双方が安心だということです。

逆もしかりで、将来私がもし要介護状態になれば、自分のお金で介護施設に入るつもりです。子の援助は受けたくないし、子にケアされるのも申し訳なくて遠慮願いたいと考えています。

「住めば都」ではないですが、ほどほどのグレードの施設であれば、慣れればホテルのような感じで過ごせそうですし、上げ膳据え膳もそれなりにラクでしょうし（でもときどき孫を連れて会いに来てはほしいかもしれません）。

「親の面倒は家族が見るべきだ」という価値観の人には信じられないかもしれませんが、自宅で家族が介護をするのは大変です。時間も労力もかかるし、要介護の状態にもよりますが仕事にも影響することがあります。

私の母親も、自宅で祖母の介護に追われ、大変そうな姿を見てきました。

子育てとは違っていつまで続くか先が見えません。子育ては徐々にラクになりますが、介護はより大変になります。状態が悪化すれば、徘徊《はいかい》で行方不明になる高齢者も少なくなく、「あんた誰？」などと言われるのもやるせない気分になりそうです。

それは大きなストレスになる可能性があり、悲惨な事件がニュースになるのもそういうことでしょう。

もちろん、自宅で生活したい人もいますから、そういう意向を完全に無視していいかは難しいところですが（デイサービスなどもありますが）、私のように子が遠くに住んでいて面倒を見られない場合、説得するしかなさそうです。

専門施設のメリットは、介護の知識があるスタッフが二四時間常駐していますから、転倒や誤嚥《ごえん》などといった事故にあうリスクが低く、仮にそうなったときでもすぐにケアしてくれる点です（知識も経験も乏しい自分なら、とっさのときの判断や対処に自信がありません）。

ただし、介護職員による虐待などの問題が起きやすいとか、慢性的な人手不足業界ゆえにケアの不足が生じやすいのも事実で、入所前に施設のクオリティの確認は必須です。

「近隣に入れる施設がない」ということでも別にほかの都道府県でもいいし、特養は値段が安いのが魅力ですがなかなか空きがなく、その場合は多少お金がかかってもちょっとグレードの高い施設でもいい。

親の年金＋介護保険＋自分のお金をプラスすれば、どこかには入れるでしょう。子どもの学費と仕送りだと思えば、出費の負担感も少ないのではないでしょうか。

などと私のように考えている人は、いざというときに力技で（お金にモノをいわせて）施設に入れるように、貯金を手厚くしておくのがおすすめです。

第7章

生き方の我慢をやめる

39

性格は変えなくていい

内向的な人と外交的な人では資質が違う

自分のことを内向的な人間だと認識している人は、それを変えたい、外交的になりたい、もっと明るく社交的になりたいと思っているかもしれません。

しかし、**内向型人間が外向型人間に変わろうとする努力が報われる可能性はほぼ皆無です。**ストレスがたまってつらいだけで、そのあとに訪れるのは劣等感と自己嫌悪ですから、我慢してがんばる必要はありません。

なぜかというと、**性格以前の根本的な資質が違う**からです。

その資質の代表的な例として、エネルギーを得る方法、エネルギーを消費する方法の違いが挙げられます。

外交的な人は、外の世界に出て人と会い、刺激的な経験をしてエネルギーを得ます。一方、内向的な人は、ひとりになり自分の内部へ向かって思索することでエネルギーを得ます。

外交的な人は、ひとりの時間が長く刺激がなければエネルギー不足になるので、外に出て人と会いたくなります。

しかし内向的な人は、外に出て人と会うとエネルギーを消費して疲れてしまいます。だから人と会ったあとは、ひとりになって充電する必要があります。

外交的な人はさまざまな刺激を受けて活力を得るので、「次は何する？　次はどこへ行く？」と新しい活動をしていくことを好み、ひとりでいると孤独を感じます。

内向的な人は、多すぎる刺激よりもひとつのことをじっくり追求するほうを好み、大勢の中にいるほうが逆に孤独感に襲われます。

「外交的な人はソーラーパネルのようなもので、内向的な人は充電池のようなもの」

という表現を聞いたことがありますが、内向型人間である私も納得できるところです。

もうひとつの資質の違いは、**自分が内的現実と外的現実のどちらが強いか**で表現できます。これは、現実を認識する自分のフィルターのことです。

たとえば同じ風景の絵を描いても全員違うのは、みな自分のフィルターを通して世界を見ており、自分のフィルターで加工して表現しているからです。

そのため、内的現実が強ければよりデフォルメされた絵になり、外的現実が強ければよりリアルに近い絵になります。

画家や音楽家といった芸術家、漫画家や小説家といった作家に内向的な人が多いのは、自分の内部の世界で情報を組み替え、創造する力が強いからです。つまり彼らは外的現実よりも内的現実のほうが強いといえます。

反対に、外交的な人、つまり外的現実が強い人は、外部からの刺激にあまり考えなくポンポンと反応できるため、会話のレスポンスが小気味いいとか、交渉上手だったりします。

実業家に外交的な人が多いのは、現実世界とぶつかりながら自己の世界を開拓しているからでしょう。

一方、内向的、つまり内的現実が強い人は、外部の刺激をいったん自分のなかに取り込んで、消化してから返そうとします。だからレスポンスは遅いし口数も少なくなる傾向が強いのです。

もちろん、これらのバランスは人によってそれぞれで、たとえば「ネアカ」と「ネクラ」という傾向も、単純な二種類ではなく、それらの境界はあいまいです。

外交的と内向的を両極端とするなら、ほとんどの人はそのグラデーション（濃淡）の間にいて、どちら寄りか、どちらが強いかは人によって異なります。

しかし、このエネルギーの獲得・消費形態や、内的現実と外的現実の強さ、などといった根本的な資質の違いは、生きる世界の違いともいえます。そのため、反対側に行こうとすることが、いかに本人の本質に反した無謀な行為かがわかるのではないでしょうか。

内向的な人が外交的になろうと自分とは反対の性格にあこがれて努力しても、自分の本質に逆らう行為はストレスフルだし効果も低い。つまり、内向的な自分を憂い、外交的な人間に変わろうとするのは無駄な努力なのです。

●外交的だからといってうまくいくとは限らない

自分の学生時代を思い出してみると、クラスのなかでいつも中心にいて人気を集めていた人がいたと思います。ではその人たちはいま、どんな状況でしょうか。

成功している人もいるでしょうし、そうでない人もいるでしょう。つまり、成功や幸福は、外交的か内向的かで決まるわけではないということです。

私は数人のＩＴベンチャーの社長を知っていますが、ほとんどの人は無愛想で、口数も少なくノリもよくありません。

一方、飲食業オーナーもたくさん知っていますが、みなたいてい人懐っこくて、周囲を楽しませる話術に長けています。ホスピタリティも高く、サービス精神旺盛です。彼らがいると場が盛り上がります。

ここからわかることは、**成功している人は結局、自分の資質や適性を活かせる職業、活かせる分野を選んでいるからこそ活躍できている**ということです。

そしてそれは一般人である私たちも同じです。

資質は自分を活かせる世界をある程度限定してくれます。また、性格は学習して獲得した処世術です。それらを踏まえて、自分が生き抜く方法、生きていく世界を選ぶことが大切です。

肌の色が違うからといって、人間としての魅力や価値には関係ないように、**内向的か外交的かという資質にも、人間としての価値には関係ない。**

それに、内向的に生まれてきたということはなんらかの意味があるわけですから、素の自分のままで自分の才能が発揮できる場所を選ぶことです（もちろん努力しなくていいという意味ではなく、努力が苦でない環境を選ぶということ）。

たとえば私の卑近な例で恐縮ですが、すでに出来上がった人間関係のなかに入れないので、アルバイトをするときも「居酒屋新店オープンのためアルバイト募集」などと、みんなが初対面で横一列スタートのものを選んでいました。

ほかにはたとえば工事現場やビル清掃など、会話をあまり必要とせず、ひとりで黙々とやるものを選ぶようにしました。

しかしそのおかげで、人の輪に入れず肩身が狭い思いをすることなく、あるいは黙々とマジメに仕事をするバイトだという評価を受けられました。

それに、人はある場面では外交的になったり、別の場面では内向的になったりするなど、一定ではありません。

たとえば前述のＩＴベンチャーの社長でいえば、ふだんは寡黙《かもく》であっても、仕事に関する話になると饒舌になります。彼らにとって雑談が苦手ならそれは部下に任せればよく、仕事できちんとプレゼンできれば問題ないということなのでしょう。

つまり、**自分の特徴とそれが及ぼす影響を知っていれば、有利に働く場面ではフル活用し、不利に働く場面では回避行動をとればいい**のです。

自分の外交的な部分と内向的な部分をよく把握すれば、自分に無理をしなくても必要に応じて有利に働かせることができます。

40 他人が問いかける問題を問題視しない

「ぽっちゃり」「不登校」は解決する必要はない

生き方の手抜きを考えるうえで重要なことのひとつに、「問題を問題だと認識しない」というアプローチがあります。他人が「それは問題だ」と言っても、自分が問題視しなければ、我慢して解決する必要がなくなるからです。

たとえば、「自分はぽっちゃり型で、健康診断を受けたらメタボ認定された」という場合、「日本の医療では問題だから、ダイエットしたほうがいい」と考えるでしょう。しかし、「ぽっちゃりタイプのほうが長生きする」というデータがあります。「コレステロールが悪いというのは間違っている」という説もあります。また、ちょっと太った人を好む人もいたりするわけです。

そうやって自らの頭で考えて合理的な理由があれば、「ぽっちゃり」を気にする必要はないと判断することもできます。その瞬間、「メタボ」という問題は問題でなくなり、問題解決も不要となるわけです。


あるいは、自分の子どもが「勉強がつまらないから学校に行きたくない」と言って不登校になったとします。通常、親はそんな子どもを心配し、問題視するでしょう。

しかし、学校の勉強だけが頭脳を鍛える方法ではないですし、引きこもりで社交性がなければ会社員には向かないかもしれませんが、自営業を選ぶ道もある。

学校の勉強はあきらめて、引きこもりでも価値を出せるよう、コンピュータで何かができるように促してみる。テニスや剣道、以後や将棋といった個人プレーのお稽古に行かせてみる。

そうやって無理に登校を強制するのではなく、子どもが本当に興味を持って打ち込めるものを探す手助けをしてあげるのが親の役目だと考えれば、不登校という問題は、解決すべき問題ではなくなります。

私の例でいえば長男は発達障害ですが、私はとくに問題だとは思っていません。しかし多くの人は自分の子が発達障害ではないかと指摘されたらショックを受けたり反発したりするようです。

それは彼らのなかに「発達障害はいけないこと」という思い込みがあるからでしょう。「いけないことだから治さないといけない」という発想となり、解決しなければならない問題になってしまう。

しかし「いけないことではなく本人の発達特性だ」と捉えれば、治さないといけないことではなく、その特性を発揮できるよう促すことが重要ですから、これは普通の子どもの育て方とさほど変わらない話です（もちろん普通の子どもよりも特性の理解とケアが必要ですが）。

何が言いたいかというと、**他人が提示した問題を、自分で考えずして「解決しなきゃいけない」と思い込まない、**ということです。

自分が本質的に重要に感じられないことは、他人がどう言おうと、できる限り無視するということです。

自分が本当に解決したい問題だけに取り組む

ここでいう本質的とは、**「自分の成功に関係があるかどうか」「自分と自分が大切にしている人たちの幸福に関係あるかどうか」**です。

それらに対しては、「全力で問題解決にあたる」。しかし、それ以外の問題は「全部捨てる」、あるいは「受け流す」というアプローチが有効です。

そう考えれば、労力を無駄にすることなく、自分が本当に解決したい問題だけに取り組むことができます。

たとえばかつて、ある大手教育企業の顧客データ流出事件が起きました。

しかし私は、仮に自分の子どもの個人情報が流出したとしても、騒ぐつもりも、その企業に対して「賠償しろ」などと迫るつもりもありません。

なぜなら、たとえばクレジットカード情報が漏れたのなら実害が起こる可能性があるので動きますが、住所や電話番号、名前や生年月日、メールアドレスや年齢が漏れたところで、実際に損害は受けないからです。

企業からDMや営業電話が来ても、無視したり断ったりすればいいだけ。むしろ有益な情報が来るかもしれません。年収や貯蓄額が漏れたところで、ちょっと恥ずかしいくらいです。

つまり、自分の成功や幸福には関係がないので、自分が解決すべき問題ではないということになります。まずは自分とその家族が幸福になるために、乗り越えるべき問題にこそ集中するほうが建設的で合理的ではないでしょうか。

41 成長を目指さなくていい

人にも「成長期」「成熟期」「衰退期」がある

「人は何歳になっても成長を続けなければならない」「成長しない人生は不幸だ」と言われて反論できる人は多くないと思います。「それじゃ成長しないよ」などと言われれば、普通の人は傷つくか反発したくなるでしょう。

しかし、能力を成長させるためにには、筋肉と同様に負荷をかけ続ける必要がありますし、成長に必要なことが自分がやりたいこととは限らないこともありますから、そこには我慢が伴います。

たしかに**若いうちは才能の土台をつくる時期であり、それが無限の可能性を生むわ**

けですから、我慢してでも成長を目指す意味があると思います。

しかし経済と同じく、永遠の成長を目指すなら、ずっと競争や我慢を強いられてしまうことになる。

その経済も昨今、人口減少が続く日本では経済成長を目指すのは疲弊するから、人口規模に合わせた適切な縮小を目指す方が人間的な生き方ができるのではないか、という主張も目にするようになりました。

これは人間も同じではないでしょうか。

若い時期は「成長期」ではあるものの、その成長した能力を活かし「成熟期」となり、やがて老いて穏やかな生活に入る「衰退期」がやってくる、と捉えられます。

つまり**若いころに種をまき、中年期はそれを収穫し、老年期はそれを食いつぶしていく閑散期でもいいのではないでしょうか。**

なんのために「成長」を目指してきたか？

一度しかない人生ですから、不平不満にまみれ、愚痴をこぼしながら絶望して生涯を終えることは是が非でも避けたい。
「なかなかいい人生だった」「やりたいことはほぼやり尽くした」「自分の人生を生きたという実感がある」と満足してこの世を去りたいと思います。

成長とは何か。

そもそも、私が考える「成長」とはズバリ「仕事ができること」でした。仕事ができるようになることは、人間の全方位での能力向上につながると考えていたからです。

私は社会に出てからずっと、「成長」を目指してきました。その最初のきっかけは、初めて就職した会計事務所でミスを繰り返し、「使えないヤツ」のレッテルを貼られ、わずか一年で追い出されるように辞めたという、みじめな経験です。

次に転職したコンビニエンスストア本部では、人間らしい生活を捨ててがむしゃらに働き、入社三年後には優秀社員賞をいただけるほどになりました。

そしてさらなる成長を求め、外資系戦略コンサルの道を歩み、ここでも猛烈に仕事をしました。

起業してからも会社を成長させようと奮闘しましたし、いろいろな人と出会い、たくさんの本を読み、海外を含めてあちこち旅をしました。

では、**なんのために成長を目指してきたか。**

私の場合は、自分が納得する人生にするためでした。

他人から評価されるとか、たくさんお金を稼ぐとか、より高い地位に就くということもあるかもしれませんが、やはり自分なりに満足できる生き方をしたい、そのためには自分の能力のレベルアップが必要だろうと考えたからです。

自分が成長すれば、できることの幅が広がるし、同じことでももっとうまくできるようになる。すると、自分の思いどおりに事を運べるようになる。自分が望むように物事を動かせ、自分の望む結果を手に入れられる。

しかし、頭脳がスカスカではそうはならない。やはり高度な知的能力、たとえば予測力、課題設定能力、問題解決能力、対人コミュニケーション能力、発想力、想像力や創造力などがないとできないのではないか。そして、これらの力を身につけることこそが成長だと考え、日々研鑽してきたわけです。

●「自分が成長するか？」よりも「楽しいか？」

そして四〇歳をすぎたころ、「やりたいことはなんでもできるし、やることなすことうまくいく」という実感と自信を持てるようになりました。

ひとり会社の自営業ですから、時間は自由で人間関係の悩みもない。不動産や太陽光発電所、あるいは電子書籍という不労所得があるため、無理に働かなくても十分な収入がある。

さきほど「やることなすことうまくいく」と書きました。これは「失敗しそうなビジネスが見抜ける」からであり、うまくいきそうなことしかやらないため、ほぼ一〇〇％うまくいくというわけです。

こうなると、もはや自分が成長するかどうかではなく、楽しいかどうかで選ぶほうがいいのではないか、と思うようになってきたのです。

それはもちろん、私自身が三流の人間だからそう思ってしまうのかもしれませんが、なんのための成長なのか、いまは目的がない。これ以上成長した先に手に入れたいものはもうない。望むものといえば、家族の今後の活躍ぐらいですから、もはやビジネススキルといったものには興味がないのです。

そもそも、**これ以上成長を目指してどうするんだろう？**


人脈を広げるため？

人脈を広げる目的は、自分にチャンスをもたらしてくれたり、自分にはない知見を交換したりできるためだと思いますが、そんな必要性を感じないから興味もない。


仕事でより成果を出して稼いで欲しいものを買うため？

その欲しいものがない。

ブランド品など欲しくないし、必要なものはもうそろっている。

高級車に憧れはありますが、車に1000万円とかかけるのも少しもったいない。

賃貸用不動産は増やしたいと思いますが、これは趣味みたいなもの。自分が住むのに高級マンションなどは不要です。

より認められるため？

私は自分が表に出るより、自分の書籍が売れるほうがいいですかね。ただし売れるかどうかは、企画・タイトル・装丁、そして時代環境にも左右されるため、著者ができることはそれほど多くない気もしています。

一方で、知的好奇心はまだまだ旺盛です。自分が知らないことを知るという行為は楽しいので、本はよく読みます。

たとえば明治維新から第二次大戦後までの歴史をもっと知りたい。

ほかにも自分とは違う生き方をしている人には興味があるし、新しい金融商品は試してみたい。

あるいは自分が不利にならないよう、法律の知識を増やしたい。発達障害の長男のためならと思い、始めた発達心理学の勉強も楽しい。

つまり**成長を目指すのではなく、楽しいことを目指したほうがいい、**という考えに変わってきました。こういう境地になると、あらゆるストレスやプレッシャー、見栄や他人の目から解放されます。毎日が自由です。

もちろん、やりたいことが自由にできていない人は、お金にしろ時間にしろ能力にしろ、現状から抜け出す工夫と努力が必要ではありません。しかし、やりたいことをできるようになれば、成長を目指す必要はなく、思いのままに生きればいい。それは退化や衰退や怠惰ではなく、充足につながると思っています。

なんのための成長か、いま一度考えてみてはどうでしょうか？

おわりに

「人生は我慢の連続」は本当か？

人生はずっと上昇する好調が続くわけでもなく、逆に下降を続ける不調な時期が永遠に続くわけでもありません。好調な時期もあれば不調な時期もあり、それを繰り返していきます。

本書のテーマである我慢も同様に、それが必要な時期もあれば、我慢から解放される時期もあります。あるいは、小さな我慢や大きな我慢を織り交ぜ繰り返していくものでしょう。

その人生の過程でもし「つらいな」「しんどいな」「モヤモヤするな」と感じたら、そのときこそ立ち止まって考えるチャンスです。

「いま自分が感じているその不快な感情は、何かを我慢しているせいではないか？

そしてそれは我慢する価値があるのかどうか？」

そう自問して**「意味のある我慢」**か**「意味のない我慢」**かを意識して峻別しようと**することは、自由な生き方につながる**と私は考えています。

意味があると思えば自分なりに納得できますし、意味がないと思えばやめたり避けたりすることができるからです。

これは大人にとって非常に重要な知性のひとつではないかと思います。

多くの人は、「我慢は美徳」「人生は忍耐だ」などと捉えがちですが、それは単なる固定観念であり、無駄な我慢をしていることにもっと敏感になる必要があるのではないでしょうか。


そこで本書では、「そんな我慢はやめてもいいのでは？」と私が考えることを紹介しました。そのなかには、極端に思えることもあるでしょうし、我慢する価値があるかどうかは人によって異なりますから、すべての人に当てはまるわけではありません。

また、年齢や立場など、ライフステージによって我慢の価値や意味合いも変わってきます。


たとえば子どものころは我慢しなければならないことがとても多いものです。

その典型例が勉強（＋受験勉強）でしょう。子どもにとっては勉強にどんな意味があるのか理解しにくいことですし、たとえば微分積分なんて生活にはまったく役に立ちそうにない。なのに偏差値など成績で比較され、難関校への進学を目指して受験勉強を強いられる。

学校での人間関係もそうです。同級生たちとの関係は、自分で選んだ交友関係ではなく、たまたま同じ時期に生まれ、たまたま同じ地域に住んでいるというだけで集められた関係です。

ですから当然合わない子もいるわけですが、子どもは自分の環境を自分で変えられないので、その環境に自分を適応させながら六年とか三年とかを過ごさなければなりません。

それを当時は理不尽だと感じた人もいると思います。一日中、学校に閉じ込められ、一円ももらえないのにマラソンをさせられるなんて、とか。

しかし大人になると、勉強は「高性能な頭脳を鍛えるトレーニング」であり、我慢してでも取り組む価値のあるものだったと、その意味がわかるようになります。

高い基礎学力は高度な問題解決能力につながり、結果として人生の選択肢が増えるからです。

また、集団生活のなかで培われるコミュニケーション能力やリーダーシップも、やはり、その後の人間関係の構築や組織運営に役立つものだとわかるようになります。

そんなふうに、子どものころは深く考えもしなかった我慢について、私たち大人は我慢の意味、そしてそれが「価値がある」のか「価値がない」のかを判断することができます。

その判断基準が、本書でもご紹介した「自分の成長や達成感、喜びにつながり、将来の自分の幸福に寄与するかどうか」です。

もうひとつは、これも本書で繰り返し述べましたが「自分がご機嫌でいられるかどうか」です。

日常で起こるささいな不快感は、この二つの基準に当てはめてみると、すっきりと判断できるのではないでしょうか。

私自身もその結果、現在はなんら我慢を強いられることなく、毎日がご機嫌で本当に自由です。

しかしそのためには、経済的自由と精神的自由を獲得する必要があり、とくに後者の精神的自由は非常に重要です。お金があってもなくても、「つねにご機嫌な自分でいられること」は、幸福を構成する大きな要素のひとつだからです。

この経済的自由と精神的自由は、私の著作に通底するテーマでもあります。本書だけでなく、前著『「いい人」をやめれば人生はうまくいく』『孤独をたのしむ力』『前向きに悩む力』（いずれも日本実業出版社刊）も併せてお読みいただくと、「そういう考えもあるのか」と精神的自由を得るための視野が広がるのではないかと思います。

午堂登紀雄（ごどう　ときお）
1971年岡山県生まれ。中央大学経済学部卒。米国公認会計士。大学卒業後、東京都内の会計事務所にて企業の税務・会計支援業務に従事。大手流通企業のマーケティング部門を経て、世界的な戦略系経営コンサルティングファームであるアーサー・D・リトルで経営コンサルタントとして活躍。2006年、株式会社プレミアム・インベストメント&パートナーズを設立。現在は個人で不動産投資コンサルティングを手がける一方、投資家、著述家、講演家としても活躍。『捨てるべき40の「悪い」習慣』『「いい人」をやめれば人生はうまくいく』『孤独をたのしむ力』（いずれも日本実業出版社）などベストセラー著書多数。

そんな我慢《がまん》はやめていい
「いつも機嫌《きげん》がいい自分《じぶん》」のつくり方《かた》

2023年9月10日　初版発行

著　者　午堂登紀雄
発行者　杉本淳一

発行所　株式会社日本実業出版社　東京都新宿区市谷本村町3−29 〒162-0845
編集部　☎03-3268-5651
営業部　☎03-3268-5161　振　替　00170−1−25349
https://www.njg.co.jp/

印刷／厚徳社　　製本／共栄社

ISBN 978-4-534-06035-8　Printed in JAPAN